つばめマークのバスが行く

時代とともに走る国鉄・JRバス

加藤佳一
Kato Yoshikazu

交通新聞社新書 065

つばめマークのバスが行く——目次

第３章　バス黄金期を迎えて――都市間路線・観光路線の躍進

第4章　高速バス時代の到来――名神・東名高速線の開業

第5章　国鉄自動車が歩んだ分割民営化までの道

第6章　高速バスを柱に躍進するJRバス各社

第7章　多彩な表情を見せる新しい「つばめバス」

はじめに

学生時代、アルバイトをしては列車に乗り、全国を旅した。未知なるローカル線を一つひとつ制覇し、未踏の町に次々と足跡を印していった。そんな中、鈍行列車に揺られながら、いつも気になることがあった。小さな町の駅前で、読み方もわからない行き先を掲げて待つ路線バスの姿だ。このバスはいったいどんな集落に行くのだろうか。そこにはどんな風景が広がっているのだろうか。そう思うといつも、無性に乗ってみたくなった。けれど、ローカルバスの運賃はとても高く、周遊券代と宿代がぎりぎりの貧乏旅行では、その思いはなかなかかなえられなかった。

この私のジレンマを唯一、解消してくれたのが、国鉄バスだった。なぜなら国鉄バスは、ワイド周遊券やミニ周遊券でも乗ることができたからだ。ローカル線の鈍行列車よりも普段着なローカルバスの旅の魅力に目覚めた私は、やがて各地で国鉄バス路線を乗り歩くようになった。

不思議なことに、国鉄バスはたいていの場合、より人のいないところを走った。民営バスが国道を行くのに対し、国鉄バスは名もない地方道を行く。民営バスが大きな集落を結ぶのに対し、国鉄バスはわずか数戸の集落を縫った。それは、都会の新興住宅地からやってきた若者の好奇心を十二分に満たしてくれた半面、果たしていつまで走り続けられるのかという不安も抱かせた。

それから数年を経た後、私はバスに関する出版物に携わるようになり、国鉄バスについてもあれこれと学んだ。国鉄バスがいつどこで発祥し、どんな地域に路線を延ばし、どんな環境の中で発展してきたのかを知った。なぜ人のいないところを走る路線を持つのか、逆に、なぜバス業界をリードするような都市間高速路線を持つのかもわかった。自身のバス雑誌の創刊と国鉄分割民営化が同時期だったこともあり、民間事業者の一員としてのJRバスの成長も見つめてきた。国鉄バス・JRバスがバス事業者として、きわめて特異な存在であるということを認識した。

ありがたいことに今回、こうした国鉄バス・JRバスの歴史と現況を一冊の本にまとめる機会をいただいた。そこで、これまで取材に必要な箇所だけ「点」として蓄積した知識を、幅広く体系にまとめて収集することで「線」としてつないでみた。私の力不足により、この分野を深く研究されてきた方々には、物足りない面があるかとは思う。しかし逆に、なるべく平易に綴ることで、バスというものに特別な興味がないという読者諸氏にも、楽しんでいただけるよう努力した。

その昔、やはり周遊券で国鉄バスに乗ったというご同輩や、JRバス＝高速バス会社だと思っている若い世代のみなさんが、本書によって改めて国鉄バス・JRバスに関心を持ち、さらには旅のツールとして選んでいただく機会が増えれば、筆者としてはこの上ない喜びである。

第1章

国鉄バスの誕生と各地の路線の黎明期

国鉄バスの発祥は岡崎〜多治見間

名古屋市港区の金城《きんじょう》ふ頭にある『リニア・鉄道館』。0系新幹線はじめ懐かしい鉄道車両たちが顔を揃える華やかな1階とは異なり、資料展示が中心の静かな2階の一角に、1台のボンネットバスが置かれている。東京瓦斯《ガス》電気工業が1930（昭和5）年に製造した「TGE」だ。

現存する日本最古のこのバスは、鉄道省が初の直営バス路線、岡崎〜瀬戸記念橋〜多治見《たじみ》間（57・1㎞）、瀬戸記念橋〜高蔵寺《こうぞうじ》間（8・7㎞）に使用するため、石川島自動車製作所の「スミダ」と合わせ、7台発注した乗合バスのうちの1台。つまり、国鉄バス第1号車といえる。

引退後は東京神田の『交通博物館』に展示され、1969（昭和44）年には鉄道記念物に指定されたが、同館の閉館に伴い、現役時代の職場に近い名古屋の地にやってくることになった。スポットライトに照らされたボディは、80年以上の時の経過を感じさせないほど、美しい輝きを放っている。

◇

国鉄が自動車運送事業の直営を行うようになったきっかけは、1922（大正11）年の鉄道敷設法の制定と関係している。同法により膨大な鉄道予定線が設けられたことを受け、当時の鉄道

『リニア・鉄道館』に保存されている国鉄バス第１号車「ＴＧＥ」

省運輸局長だった木下淑夫《としお》氏は「今後の新線建設は、国鉄の財政を悪化するような短い不経済線ばかりである。このような線区には自動車が最も適しているから、自動車をして鉄道建設を代行せしめることが最も適切である」と提唱した。

この意見は次第に賛同者を得て、１９２９（昭和４）年、濱口《はまぐち》雄幸《おさち》内閣の閣議決定により、鉄道省内に自動車交通網調査会を設置。「国有鉄道に於て其の附帯の業務として経営する事を得る自動車運輸事業は差当り之を実行するを可と認む」という答申が出された。この答申にもとづき、鉄道省は７つの候補路線を選定。その中の第一次線として、１９３０年12月20日、前記のとおり、岡崎〜瀬戸記念橋〜多治見間の岡多本線お《おかた》よび支線である瀬戸記念橋〜高蔵寺間の高蔵寺線が開業し、初めて国鉄自動車の運行が開始されたのである。

1930年12月20日、開通祝賀塔を見上げて走る岡多線の乗合バス

陶磁器が〝瀬戸物《せともの》〟とよばれるほど、瀬戸は古くから窯業《ようぎょう》の町として栄えてきたところ。とくに貨物輸送の需要が高く、鉄道の敷設が悲願だったが、明治時代、中央本線を誘致することに失敗してしまう。そのため、鉄道敷設法に定められた岡崎〜瀬戸〜多治見間の鉄道予定線を、自動車線として先行開業させようと、かなり熱心な運動がなされたことが想像できる。いまでは信じられないが、岡多線は産業都市瀬戸と東海道本線・中央本線を結ぶ動脈だったのである。

そのようなわけで、国鉄自動車（国鉄が戦後、公共企業体となるまでは「省営自動車」とよばれた）では創業時から多角経営が行われた。岡多線には、バス7台とともにトラック10台が投入されている。輸送対象は旅客だけでなく、手荷物、小荷物、新聞、雑誌、郵便物、貨物など多岐にわたり、規模こそ小さいものの、本質的には鉄道と変わらない輸送事業が実施された。当時の民間事業者のほとんどは、乗合バスおよび貸切バス、ハイヤーなど、旅客輸送専業だったことから、輸送対象の幅広さは国鉄自動車の大きな特徴といえる。

ちなみに岡多線の場合、初年度の旅客輸送人員は12万5000人、貨物輸送トン数は1684t。すでに瀬戸電気鉄道（名古屋鉄道瀬戸線の前身）が開業していたせいか、車扱《しゃあつか》い貨物（貨車一両単位で取り扱う貨物）は不振が続いたため、1933（昭和8）年から合造車《ごうぞうしゃ》（客貨の両設備を有する車両）やトレーラーを使用して、貨物と旅客を一緒に運ぶ貨客の総合輸送が行われている。

輸送の拠点として、岡崎に自動車所（営業所）が開設されたほか、瀬戸・多治見に事務所と車庫が設けられた。2つの系統の結節点である瀬戸記念橋には駅が置かれ、手小荷物や貨物なども取り扱い、後には「みどりの窓口」まで設置されている。このように、鉄道駅と同じ機能を持つ「自動車駅」は全国各地に開設され、これもまた国鉄自動車の特徴のひとつとなっていった。

路線選定の基準とされた「国鉄バス4原則」

1931（昭和6）年5月には山口自動車所が開設され、三山線三田尻《みたじり》（現・防府《ほうふ》）〜山口間

開業当時の三田尻（現・防府）駅前（上）と山口駅前（下）

が開業。1933（昭和8）年には山口～東萩《ひがしはぎ》間が延長され、防長《ぼうちょう》線と改称された。西国街道《さいごくかいどう》と城下町・萩を短絡し、参勤交代にも使われた重要路「萩往還《はぎおうかん》」を走る路線である。多くの総理大臣を輩出し、道路整備水準の高い山口県は、国鉄自動車の開業も2番目という早さだった。

　1932（昭和7）年3月には滋賀県で水口《みなくち》自動車所が開設されており、亀三《きさん》線亀山～三雲《みくも》間が開業。同月中に近江山内《おうみやまうち》～黒川間、5月に三雲～石部《いしべ》間、12月には石部～草津間が延長され、亀草《きそう》線と改称された。こちらは旧東海道をたどり、関西本線と東海道本線を短絡する路線。水口は、国鉄バスの創始者といわれ初代自動車課長を務めた菅健次郎氏の出身地である。

　1933年1月には千葉県に安房館山《あわたてやま》自動車所が開設され、北倉《ほくそう》線安房北条～千倉《ちくら》間ほかが開業。関東地方初の国鉄自動車である。3月には大分県に佐賀関《さがのせき》自動車所が開設され、佐賀関線幸崎《こうざき》～佐賀関間が開業。九州にも路線を延ばすことになった。このほか3月までに、長野県の和田峠《わだとうげ》線、静岡県の浜名《はまな》線、岡山県の倉敷

亀三線の基地として開設された水口自動車所

線、富山県の笹津《ささづ》線が開業している。

なお、同月には路線別に対キロ旅客運賃が制定され、岡多線、浜名線、笹津線は1km2銭5厘、亀草線、倉敷線、佐賀関線は2銭7厘、北倉線、和田峠線、防長線は3銭と決められた。ちなみに当時の国有鉄道線の初乗り運賃は5銭だった。

◇

ところで、国鉄自動車の経営方針は、①国有鉄道の附帯事業であること、②国有鉄道建設線の代行、先行たるもの、国有鉄道の短絡線となるもの、国鉄の培養線となるものおよび国有鉄道線の補充となるもの、と決定されており、これにもとづいて開業路線が選定されていた。

①については、1932年10月に鉄道省運輸局に自動車課が新設され、翌1933年4月には鉄道省官制の改正が行われて、第1条冒頭が「鉄道大臣は、国有鉄道およびその附帯事業を管理し……」から、「鉄道大臣は、国有鉄道及び之に関

佐賀関自動車所の貨客総合輸送用バストレーラー

連する国営自動車並に其の附帯事業を管理し……」（傍点筆者）と改められた。これによって国鉄自動車は鉄道部門と対等な性格となり、本格的経営が開始されることとなったのである。『省営自動車10年史』には、「私共は、自動車を計画しながら、実は、自動車を経営する積りではなく、自動車の形を藉りて、国有鉄道の機能を拡大する思想で、路線拡張に乗りだした」とあり、この改正が以後の国鉄自動車の急成長を促したことは間違いない。

②については、国鉄自動車はその性格上、国鉄の鉄道線との関連の下に路線の選定が行われることを示すものである。具体的には、鉄道線では採算が見込めない区間や鉄道線を廃止した区間での運行を行う「代行」、鉄道線が計画されている区間において暫定的に運行を行う「先行」、鉄道線では遠回りとなる区間の経路短縮を図る「短絡」、鉄道線から離れた地域の旅客・貨物を鉄道駅に集める「培養」で、これらは「国鉄バス4原則」とよばれている。たとえば、岡多線は先行路線、防長線と亀草線は短絡路線、北倉線は観光需要を喚

起するための培養路線の性格を持つ。

さらに、初代自動車課長の菅健次郎氏は、国鉄自動車の使命は地方産業の助長にあるとし、民間自動車が営利を基本観念とするのに対し、国鉄自動車は国利民福を基礎観念としているという自説を示している。したがって国鉄自動車は、国有鉄道の機能拡大と国民の幸福のために、鉄道では採算のとれない区間、民間では営利に結びつかない地域にも、路線を延ばしていくことになる。これは国鉄自動車の背負う宿命となり、後に国鉄再建や分割民営化の中で、ローカルバス路線の維持を非常に困難にした大きな理由のひとつともいえるものである。

全国各地で産声を上げた国鉄自動車路線

1933（昭和8）年4月、鉄道省の官制の改正により本格的経営を開始した国鉄自動車は、1930年代後半にかけて急激に路線を拡大していく。

北海道地方では、道内初の国鉄自動車として1934（昭和9）年に札樽《さっそん》線苗穂《なえぼ》～手宮《てみや》間が開業。札幌自動車所と手宮車庫が開設され、バス5台とトラック1台が配置された。現在の札樽線が快走する4車線の国道からは想像もつかない悪路だったようで、ぬかるみにはまったバスを乗客みんなで押している写真が残されている。また道内では、このほかの予定路線は開業に至って

北海道初の国鉄自動車として1934年に開業した札樽線

おらず、続く展開は１９４０年代、戦時体制下で開設される貨物輸送のための路線までない。

　東北地方では、最初の拠点として１９３４年に青森自動車所が開設され、十和田線青森〜休屋《やすみや》（現・十和田湖）〜和井内《わいない》間が開業。翌年には和井内〜毛馬内《けまない》（現・十和田南）間が延長されている。八甲田・十和田の観光開発を目的とした培養路線で、ガイドとして「女子車掌」が採用され、屋根を途中から高くした観光バスが使用された。続いて開業した浅虫線青森〜浅虫《あさむし》間では、付随車を従えた連節バスも活躍した。そのほかは、東北本線と太平洋沿岸の町を結んで東西に延びる路線が中心で、白中《はくちゅう》線、福浪線、沼宮内《ぬまくない》線の全線または一部区間が開業している。沼宮内線は後に平庭《ひらにわ》高原線に発展し、盛岡〜久慈《くじ》間の急行バス〈白樺号〉が走る幹線へと成長する。

　関東・信越地方では、関東平野北部を東西に走り、東

浅虫線で使用されていた付随車つきの連節バス

北本線・烏山《からすやま》線・水郡《すいぐん》線を結ぶ常野《じょうや》線と茂木《もてぎ》線が開業。また、東北本線の西那須野から塩原温泉を経由して鬼怒川温泉に至る塩原線、上越線の渋川と草津温泉および長野県の真田を結ぶ吾妻《あがつま》線など、前述の北倉線に続いて、観光地での路線開設が相次いだことも特徴的だ。国鉄長野原《ながのはら》線（現・吾妻線）の渋川～長野原間が開通し、旅客営業がスタートするのは戦後のことなので、吾妻線は培養路線であり、先行路線でもあった。長野県内では下諏訪自動車所が開設され、岡谷～下諏訪～上和田～丸子町《まるこまち》間の和田峠南北線がつながった。

中部・北陸地方では、越美南《えつみなん》線（現・長良川鉄道）の美濃白鳥《みのしろとり》から鉄道に先行して北上する白城《はくじょう》線、北陸本線の金沢と城端《じょうはな》線の福光《ふくみつ》を短絡する金福《きんぷく》線が開業。これらは戦後、岐阜・富山県境でつながって金白南《きんぱくなん》線・金白北線と改称され、さらに名古屋～金沢間の名金《めいきん》急行線に発展する。白川郷と五箇山《ごかやま》、合掌造《がっしょうづく》りの民家で有名な2つの集落を通過する、たいへん魅力的な路線だ。また、国鉄七尾《ななお》線の穴水《あなみず》からは、鉄道に先行して能登半島内浦の能登飯田までを結ぶ奥能登線が開業。国鉄能登線の穴水〜鵜川《うかわ》間の開通は戦後、蛸島《たこじま》までの全通は1960年代まで待つことになる。

近畿地方では、福知山線の篠山《ささやま》、山陰本線の園部《そのべ》、両者が交わる福知山を短絡する園篠《えんじょう》線と園福《えんぷく》線が開業。このエリアには戦後、多くの支線が形成される。滋賀県の浜大津《はまおおつ》と福井県の小浜《おばま》を結ぶ計画だった江若《こうじゃく》鉄道のうち、未開通区間の近江今津〜小浜間には先行路線の若江《じゃっこう》線が開業。また、京都〜小浜間の鉄道予定線の先行路線として、京都〜鶴ケ岡間の京鶴《けいかく》線が開業する。京鶴線は後に、府県境で若江線の支線とつながるが、未成の両鉄道区間は建設されないまま今日に至る。南紀では、紀勢東線の尾鷲《おわせ》から尾鷲線が延伸。紀勢西線の紀伊木本に至って紀南線と改称される。こちらは戦後、鉄道線が紀勢本線として全通したことで、先行路線の役割を終えた。

中国地方の国鉄自動車は陰陽（山陰・山陽）連絡を使命とし、広島〜浜田間の広浜《こうひん》線、岩国〜石見益田《いわみますだ》間の岩日線、三次《みよし》〜出雲《いずも》間の雲芸《うんげい》線が開業する。雲芸線は戦後、広島〜三次間が延長され、広島から浜田、益田、出雲へ、それぞれ急行バスや特急バス、夜行バスまで運行される動脈へと成長していく。山陽筋では倉敷〜岡山間の両備《りょうび》線が開業し、前述の倉敷線が両備線の支線となった。

四国地方では、最初の拠点として1934年に松山自動車所が開設され、予土《よど》線松山〜久万《くま》間が開業。翌年には佐川まで延長され、戦後に松山高知急行線へと発展する。予讃《よさん》本線と土讃《どさん》本線を短絡する路線として、川之江《かわのえ》〜阿波《あわ》池田間の川池線と観音寺《かんおんじ》〜琴平《ことひら》間の西讃《せいさん》線が開業。鉄道予定線の先行路線として、大栃《おおとち》線土佐山田〜大栃間、南予《なんよ》線近永《ちかなが》〜魚成橋《うおなりばし》間が開業している。

九州地方では、鉄道予定線の先行路線として、佐俣《さまた》線宇土《うと》〜熊延《ゆうえん》佐俣間、宮林《きゅうりん》線宮崎〜小林間、臼三《きゅうさん》線臼杵《うすき》〜三重町《みえまち》間が開業。大隅《おおすみ》線の未開通区間に先行する国分《こくぶ》線隼人《はやと》〜古江《ふるえ》間、指宿枕崎《いぶすきまくらざき》線の未開通区間に先行する山川線山川港〜枕崎間も開業した。また短絡路線として、加治木《かじき》〜入来《いりき》間の加治木線、肥後大津〜南関《なんかん》間の山鹿《やまが》線、都城《みやこのじょう》〜飫肥《おび》間の都城線が開業している。

なお、１９３６（昭和11）年９月に鉄道局分課規程の改正で名称を変更。自動車所は自動車区、支所は支区に改められている。

以上のように、１９３０年代の開業路線はいずれも幹線であり、戦後に急行バスや特急バスが設定された路線も多く、ほとんどが分割民営化まで存続している。さらにこの間、既存路線の延長も全国で行われており、次の表のとおり、旅客・貨物輸送ともに大幅に規模が拡大された。

国鉄バス反対運動と廃業民間事業者への補償

日本最初のバス事業は、１９０３（明治36）年に京都の二井《にい》商会によって開始された。大正時

旅客輸送成績の推移（昭和5年度～昭和14年度）

種別＼年度	営業便走行キロ		輸送人員		輸送人キロ		収入		旅客車キロ当り収入
	(千キロ)	指数	(千人)	指数	(千人キロ)	指数	(千円)	指数	(円、銭)
昭和5	116	100	125	100	948	100	25	100	0.22
6	696	599	785	628	5,720	603	159	636	0.23
7	979	844	1,210	968	8,411	887	239	944	0.24
8	2,138	1,843	2,683	2,146	17,392	1,835	496	1,984	0.23
9	4,595	3,961	4,135	3,308	33,594	3,544	978	3,912	0.21
10	7,216	6,221 / 100	6,264	5,011 / 100	54,458	5,745 / 100	1,546	6,184 / 100	0.21
11	10,190	8,784 / 141	8,944	7,155 / 143	77,226	3,146 / 142	2,171	8,684 / 140	0.21
12	13,043	11,244 / 181	13,595	10,876 / 217	119,252	12,579 / 219	2,743	10,972 / 177	0.21
13	12,356	10,652 / 171	16,870	13,496 / 269	154,398	16,287 / 284	3,441	13,764 / 223	0.28
14	13,633	11,753 / 189	21,838	17,470 / 349	207,465	21,884 / 381	4,612	18,448 / 298	0.34

貨物輸送成績の推移（昭和5年度～昭和14年度）

種別＼年度	営業便走行キロ		輸送トン数		輸送トンキロ		収入		車キロ当り収入
	(千キロ)	指数	(トン)	指数	(トンキロ)	指数	(千円)	指数	(円、銭)
昭和5	40	100	1,684	100	19,263	100	3	100	0.08
6	69	173	6,014	357	64,386	334	10	333	0.14
7	96	240	9,552	567	110,001	571	17	567	0.18
8	216	540	25,770	1,530	298,973	1,552	41	1,367	0.19
9	336	840	39,332	2,336	486,678	2,526	66	2,200	0.20
10	348	870 / 100	47,796	2,838 / 100	603,751	3,134 / 100	116	3,867 / 100	0.33
11	446	1,115 / 128	73,724	4,378 / 154	919,445	4,773 / 152	214	7,133 / 184	0.48
12	752	1,880 / 216	104,291	6,193 / 218	1,350,496	7,011 / 224	306	10,200 / 264	0.41
13	999	2,498 / 287	139,585	8,289 / 292	1,852,159	9,615 / 307	425	14,167 / 366	0.43
14	1,828	4,570 / 525	224,983	13,360 / 471	3,119,525	16,194 / 517	664	22,133 / 572	0.36

代になると、全国各地でバス事業者が相次いで創業し、また鉄道事業者や軌道（路面電車等）事業者も自らの事業を擁護するため乗合バスの営業を開始した。昭和に入るころには、小規模事業者は乱立状態となり、過当競争が目立つようになってきた。そこで、戦時体制に向けてこうした無駄を抑制するため、1933（昭和8）年に自動車交通事業法が施行され、乗合バス事業の免許は鉄道大臣権限となり、「1路線1営業主義」という方針が示されたのである。

国鉄バスが路線を延ばしたのは、そんな時期であった。つまり、およそ自動車の走り得るほとんどの道路に民間事業者の路線が行きわたっており、たとえ「国鉄バス4原則」にもとづいて開設された路線であっても、一部区間で民間事業者の路線と競合することとなった。規模の小さな民間事業者は大きな打撃を受け、事業の継続が困難になることも予想される。加えて、鉄道省自らが「1路線1営業主義」を破り、交通秩序を乱すものではないかという反発も生まれた。日本乗合自動車協会（現・日本バス協会）では1934（昭和9）年、省営バス反対第1回協議会を開催し、全国省営バス対策連盟を結成。国鉄バス反対運動を展開し、その確執は戦後まで尾を引くこととなる。

一方、国鉄バスの拡充に関しては、地方の鉄道事業者や軌道事業者も脅威を感じていた。国鉄バスが鉄軌道に並行して、地方都市の中心や沿線観光地に乗り入れることを懸念したからだ。そ

山口市内鰐石橋を渡る防長線のバストレーラー

軽川（現・手稲）駅前で待機する札樽線の乗合バス

こで、鉄道同志会（私鉄の業界団体）では1932（昭和7）年、そうした路線の開設を牽制する陳情書を鉄道大臣などに送付した。これを受けて、たとえば常野線は茨城鉄道終点の御殿山まで、山川線は南《なん》薩《さつ》鉄道終点の枕崎まで、若江線は江若鉄道終点の近江今津まで、塩原線は東武鉄道鬼怒川線終点の鬼怒川温泉までとするなど、鉄道事業者や軌道事業者に配慮した路線開設が行われている。

◇

当時、国有鉄道の新線開業が民間の鉄軌道に打撃を与え得る場合、地方鉄道法に廃業補償の規定があり、軌道法でもこれが準用された。しかしバス事業については、自動車交通事業法が施行されるまで補償の途はなく、廃止を余儀なくされた民間事業者を救済する手立ては確立されていなかった。このため、国鉄バスが開業した地域においては、補償を要請する声が高まった。

そこで鉄道省は、国鉄バスが開業したために事業の継続が不可能になった民間事業者（バス事業者および乗合馬車事業者）に対して、当該路線の利益金の7カ年分以内で算出した金額を、見舞金として贈ることを決めた。これにより、岡多線の場合は5事業者に計4万2414円、三山線では1事業者に2万円、亀草線では乗合馬車を含む5事業者に計2万5000円の見舞金が交付されている。先に述べた当時の国鉄バスの運賃からすれば、おおむね当時の1円＝現在の1万円と考えられるから、3路線の関係事業者に計9億円弱を支払ったことになろう。

ただし、この措置は法律の規定にもとづく補償とは異なり、あくまでも行政措置による見舞金であったことから、民間事業者の業界としては、国鉄バス開業に伴う損失補償が制度として確立されることを望んでいた。国鉄バスが将来、国有鉄道の一翼として本格的に拡張されていくであろうことが予見されただけに、その要請は強いものだった。しかし、自動車交通事業法案には補償の条項は含まれていなかったため、議会において審議が重ねられることとなった。その結果、補償についての勅令が公布され、従来の見舞金は自動車交通事業法にもとづく補償となり、1933年10月から施行されている。

国産車が採用された1930年代の国鉄自動車の車両

全国でバス事業者の創業が相次いだ大正時代、使用される自動車はフォードやシボレーなどアメリカ製がほとんどだった。当時の国産自動車はまだ試作の域を出ず、高価だったこともあり、そのほとんどが軍用車として使用されていた。

国鉄自動車が開業の準備を始めた昭和初期、国産自動車の一般需要を喚起することは、国の命題となっていた。経済状態が悪化する中、産業開発により国産を奨励し、輸入の抑制に努めることが、国策ともなっていたからだ。そこで国鉄では、まだ定評のない国産自動車を率先して使用することで、国内自動車産業の育成を図ることになった。

まずは国産自動車設計委員会を設け、商工省標準型自動車の設計を開始。続いて東京瓦斯電気工業「TGE」、石川島自動車製作所「スミダ」、ダット自動車製造「ダット」について、運行試験をはじめ各種性能試験を繰り返した。その結果、1930（昭和5）年の岡多線開業に際しては「TGE」と「スミダ」、計7台のバスと10台のトラックを採用することを決めたのである。

その後、各メーカーの自動車開発が進んだことにより、1931（昭和6）年から商工省標準型自動車（後の「いすゞ」）、1932（昭和7）年から三菱造船「ふそう」、川崎車両「六甲」、1936（昭和11）年から日産自動車とトヨタ自動車工業の車両の採用が開始されている。

◇

では、1930年代の国鉄自動車について、特徴的な車両をいくつか紹介していく。

東京瓦斯電気工業「ＴＧＥ」乗合バス

●東京瓦斯電気工業「ＴＧＥ」乗合バス

１９３０年の岡多線開業当初、石川島自動車製作所の「スミダ」とともに採用され、芝浦の脇田自動車興業と横浜の倉田組鉄工所自動車工業部で製造したボディを架装。流線形のボディは当時としては大型で、従来の木骨木板や木骨アルミニウムに代わり、鉄骨鉄張りとしたため、耐久性に優れていた。６気筒の国産ガソリンエンジンを搭載。最大出力は75馬力で、現在のマイクロバスの半分以下である。また、「ＴＧＥ」は後に「ちよだ」と商標を改めている。

●石川島自動車製作所「スミダN型」トラック

岡多線開業当初に使用されたトラックは、バスと同様、「スミダ」と「ＴＧＥ」だった。車体はバスと同じように鉄骨鉄張りとされたが、各部の強度はトラックとしては十分ではなかった。１９３４（昭和９）年には、自動車工業（石川島自動車製作所とダット自動車製造が合併）製のディーゼルエンジン搭載のトラックが登場している。

●東京瓦斯電気工業「ちよだ」バストレーラー

創業時の国鉄自動車は多角経営であり、旅客輸送と同じ比重で貨物輸送を行う方針がとられた。

石川島自動車製作所「スミダN型」トラック

東京瓦斯電気工業「ちよだ」バストレーラー

しかし実際には貨物輸送は振るわなかった。そこで、キャブオーバー型バス（フロントエンジン部分まで箱形ボディで覆った形状のバス。現在のマイクロバスと同じ構造）の後部に貨物用トレーラーを連結し、手小荷物や小口貨物を運ぶ方法で、貨客総合輸送が行われた。他に例を見ないこの輸送方法は好成績を収め、全国の国鉄自動車に広まった。

●三菱造船「ふそうBD46型」観光バス

三菱造船の「ふそう」は、１９３２年

三菱造船「ふそうＢＤ46型」観光バス

自動車工業「スミダ」ディーゼルバス

に製造された大型車Ｂ46型から採用が開始された。６気筒の国産ガソリンエンジンを搭載し、最大出力は１００馬力だった。政府が経済不況の打開策として観光事業の拡大を提唱した１９３４年、観光開発のための培養路線として十和田線が開業。屋根を途中から高くして眺めを良くした観光バスのＢＤ46型が、青森自動車所に配置された。

●自動車工業「スミダ」ディーゼルバス

自動車工業は１９３４年、「スミダ」に空冷式６気筒のディーゼルエンジンＤＡ６Ａを搭載。最大出力は94馬力だった。国鉄自動車ではこれを採用し、初めてディーゼルバスの使用を開始した。１９３５（昭和10）年には「ふそう」、１９４１（昭和16）年には「いすゞ」のディーゼルバスも採用している。

達第420号　昭和10年5月20日制定　昭和10年8月1日施行

記号（軸距、積載トン数その他を表す）

B	B形旅客自動車	軸距3.8メートル以上4.3メートル未満
C	C形旅客自動車	軸距4.3メートル以上4.8メートル未満
D	D形旅客自動車	軸距4.8メートル以上5.3メートル未満
K	旅客索引自動車	
S	普通貨物自動車	1.5トン積又は2トン積
T	貨物附随自動車	1.5トン積又は2トン積
X	特殊自動車	

第1、2の数字（シリンダ総排気量、積載トン数又は用途を表す）

10～39	旅客自動車	シリンダ総排気量6,000立方cm未満
40～69	旅客自動車	シリンダ総排気量6,000立方cm以上
10～19	貨物自動車	1.5トン以下
20～29	貨物自動車	2.0トン以下
10	特殊自動車	雪搔用
11	特殊自動車	牽引用
12～29	特殊自動車	その他

◇

車両の管理・運用上の必要性から1935年、車両称号規程が定められた。岡多線開業から2年ほどは、バスはB、トラックはSを頭文字とする追番がつけられており、各地に開業するようになってからは、営業所単位の追番とされていた。しかし営業所が急増し、車種も多様になると、追番では管理・運用が行いづらい状況になっていた。そこで、すべての現有車両を対象に、バスはホイールベース（前輪軸と後輪軸の距離。軸距）、トラックは積載量を示すアルファベットと、エンジン排気量を示す2桁の数字を組み合わせた形式で表示することに決められたのである。

【ルポ】高雄京北線（西日本ＪＲバス）１９３７（昭和12）年開業

「古都の秋　名刹を結ぶ洛北の老舗路線に乗る」

京都駅と福井県境に近い鶴ケ岡村を結び、国鉄バス京鶴線が開業したのは戦前の１９３７年のこと。戦後は堀越峠を越えて福井側の名田庄《なたしょう》線に乗り入れ、京都〜小浜間の直通運転も行われた。しかし、山間地域では過疎化が進んで乗客が激減し、国鉄の分割民営化後は北部から順次路線を短縮。１９９５（平成７）年に周山《しゅうざん》以北が支線を含めて全廃され、路線名も高雄京北《たかおけいほく》線に改められた。とはいえ、残った沿線には世界遺産の仁和寺《にんなじ》や紅葉の名所「三尾《さんび》」があり、旅人にとっては大いに魅力的だ。初秋の高雄京北線に乗り、色づき始めた洛北の名刹《めいさつ》を散策してみたい。

◇

昼下がりの京都駅前はとても暖かで、古都が本格的に色づく秋冷《しゅうれい》の季節は少し先の模様。もみじ狩りの乗客が毎年長蛇の列をつくる烏丸口《からすまぐち》3番乗り場も、まだ閑散としていた。13時30分発の高雄京北線栂ノ尾《とがのお》行きは、国鉄・ＪＲバスで5形とよばれる大型車。車内は2人掛けシートが中心で、栂ノ尾まで1時間、周山まで1時間半という所要時間を考慮した郊外線仕様になっていた。

学生風の若者や買い物帰りの主婦など、旅人ではない普段着の人たちを20人ほど乗せて発車。大宮通を北へ上がると、ベビーカーを押した夫婦や和服姿の婦人が降りていく。こんな短距離で市バスのように利用する人がいることは意外。逆に、四条《しじょう》大宮や二条《にじょう》駅前、千本丸太町《せんぼんまるたまち》などでは多くの待ち人に見送られ、市バ

スとバスカード等で共通乗車できないデメリットを感じた。

丸太町通から西大路《にしおおじ》通に右折すると、正面、大北山《おおきたやま》の中腹に「大」の文字が見える。「五山《ござん》の送り火」のひとつ、「左大文字」だ。「五山の送り火」は、京都の夏の風物詩として有名だけれど、8月16日の夜、このJRバスの車内からも、赤々と燃える「大」の文字が望めることになる。

わら天神前で左折し、廬山寺《ろざんじ》通から「きぬかけの路」に入る。「きぬかけの路」は世界遺産の金閣寺、龍安寺《りょうあんじ》、仁和寺を結ぶ緑豊かな散策路……という観光客向けの案内放送が流れる。けれど、車内の乗客はもうほとんどが学生で、次の立命館大学前で下車。立命館大学前には京都駅や四条大宮から市バスもたくさん乗り入れているはずだが、途中停留所も乗降客も少ないJRバスは、学生たちにとって急行的な存在なのかもしれない。乗客5人と寂しくなったバスは、「きぬかけの路」をさらに西へ。龍安寺に続き仁和寺がガイドされたところで、私も降車ボタンを押した。

重厚な仁王門が迎えてくれる仁和寺は、888（仁和4）

年に落成。応仁の乱で全焼し、現在の伽藍《がらん》のほとんどは、寛永年間に再建されたものだ。遅咲きの「御室桜《おむろざくら》」ともみじの美しさで名高いが、五重塔を囲む林も、御殿の北庭の木々も、ようやく色づき始めたばかり。それだけに訪れる人は少なく、広い境内をゆっくり歩き、洛北の自然と伽藍が織りなす初秋の風情を満喫した。

◇

御室仁和寺15時01分発の栂ノ尾行きに乗る。福王子で国道１６２号に折れると、緩やかな上り坂がどこまでも続く。古い家並みが途切れた梅ケ畑清水町《うめがはたしみずちょう》で、「これからカーブが多くなります」と注意を促す放送。深い緑に囲まれた御経坂《みきょうざか》峠を越えれば、旅館や食堂が並ぶ観光地のたたずまいとなる。山城高雄《やましろたかお》、槇ノ尾《まきのお》と続けて停車。数人の旅人が降りた。高雄は高尾とも書き、槇ノ尾、この先の栂ノ尾と合わせ、「三尾《さんび》」と称される。古来、紅葉の名所として知られるところだ。

もう20年近く前の11月、「三尾めぐり」を楽しんだことがある。高雄では、清滝川《きよたきがわ》の対岸、神護寺《じんごじ》へ続く長い石段のところどころで、目をみはるほど鮮やかなもみじに出合ったことを覚えている。また槇ノ尾では、西明寺《さいみょうじ》の小さな山門前のもみじがひときわみごとだったことを思い出す。乗車した満員のＪＲバスは丹波上川行きだったから、まだ周山より北に路線が延びていたのだ。

清滝川の流れが左手から右手へ移り、15時20分に終点の栂ノ尾に到着。バス停の背後、木々に覆われた高台へ、高山寺《こうさんじ》裏参道の細く急な石段を上っていく。高山寺は７７４（宝亀《ほうき》５）年に開創され、鎌倉時代に明《みょう》恵上人《えしょうにん》によって再建された古刹。やはり世界遺産に登録されている。

まずは、明恵上人時代の唯一の遺構である国宝石水院を見学。続いて、栂尾山の深い森に点在する枯れた

世界遺産に登録されている仁和寺の門前で停車

趣の堂宇《どうう》をめぐった。楓《かえで》の古木が頑固に緑色を呈している中、明恵上人坐像が安置される開山堂の前で、1本だけ真っ赤に染まった若いもみじが印象的。黄昏《たそがれ》が近づいた森にもう旅人の姿はなく、底なしの静寂に支配されている。自分の足音が、やけに大きく感じられた。

◇

1時間後の周山行きに乗ると、半数以上の席が埋まっていた。大学生と旅人が中心の京都~栂ノ尾系統とは異なり、高齢者と高校生というローカル線の乗客層になった。再び左手に移った清滝川が渓谷美を見せ、周囲の山々に北山杉《きたやますぎ》が整然と植林されている。北山杉の植林は、はるか室町時代に始められたという。まっすぐに育ち、緻密な年輪を持ち、皮をむいた木肌に独特の優美な色艶がある北山杉。その丸太は古くから、茶室や数寄屋造りの建物に使用されてきたそうだ。

中川トンネルの手前で右手の旧道に入ると、「北山杉の里」の案内板が見えた。中川は、京都御所に産物を献上する供御人《くごにん》として、磨き丸太の生産を行ってきた集落。狭い旧道を挟んで褐色の家々が肩を寄せ、数多くの製材所が工場を構えている。美しく磨かれた丸太を見ていると、窓越しに木の香りまで感じられそうだ。バスは材木店の店先や民家の土蔵前の停留所一つひとつに停車。1人、また1人と降ろしていく。国道に戻るころにはもう、車内の乗客は数人になっていた。

笠《かさ》峠をトンネルでくぐり抜け、緩いカーブを繰り返して栗尾《くりお》峠を越える。と、視界が開け、左前方はるか下の盆地に、周山の街灯りが見えた。いくつものヘアピンカーブで、その盆地へと舞い降りる。街外れの新興地にある京北《けいほく》合同庁舎前に停まると、私1人を残して全員が降りていった。

弓削川《ゆげがわ》を渡って街並みの中に入れば、終点周山の駅舎が待っている。いまでは数少なくなったバス駅、かつての自動車駅だ。JRバスの廃止路線を代替した京北ふるさとバスや南丹《なんたん》市営バスへの乗り継ぎ場所であり、夜間は4台のJRバスが駐泊する周山は、いまも駅としての機能を持ち続けていた。

1930年代の新規開業路線

エリア	路線名	区間	営業キロ	開業年月	備考
北海道	札樽線	苗穂～手宮	44	1934/6	札幌自動車所開設
東北	十和田線	青森～和井内	80	1934/8	青森自動車所開設 後に十和田北本線・十和田南本線に
	白中本線	白石～中村～原釜	48	1935/10	角田自動車所開設 後に角田本線・相馬海岸線に
	浅虫線	堤橋～浅虫	12	1936/11	
	船岡線	磐城角田～船岡	12	1937/9	
	福浪本線	福島～浪江ほか	80	1938/6	福島自動車区開設
	槻木線	一本木～槻木	10	1938/8	白中線の支線 後に延長され仙台南線に
	鉛山線	和井内～鉛山	4	1939/9	十和田南線の支線
	二戸本線	福岡長嶺～荒屋新町	38	1939/11	北福岡自動車区開設
	沼宮内本線	沼宮内～茶屋場	37	1939/11	沼宮内自動車区開設
関東・信越	北倉本線	安房北条～千倉	32	1933/1	安房館山自動車所開設 後に南房州本線に
	豊房線	安房北条～長尾橋	12	1933/1	北倉線の支線
	西岬線	潮留橋～西岬	7	1933/1	北倉線の支線 後に延長され洲の崎線に
	和田峠南線	岡谷～下諏訪	4	1933/3	下諏訪自動車所開設 後に当該区間は諏訪本線に
	和田峠北線	丸子町～上和田	18	1933/3	
	常野本線	常陸大子～烏山	34	1934/3	烏山自動車所開設
	塩尻線	長地学校前～諏訪今井	1	1934/3	
	吾妻本線	渋川～真田	94	1935/11	渋川自動車所開設 後に延長され渋川線・鹿沢菅平線に
	上州草津線	上州大津～上州草津	15	1935/11	吾妻線の支線
	茂木線	茂木～祖母井～宇都宮ほか	32	1937/3	後に延長され水都西本線に
	塩原本線	西那須野～塩原古町	21	1937/10	西那須野自動車区開設
	日塩線	塩原古町～鬼怒川	39	1937/10	塩原線の支線
	矢板線	関谷宿～矢板	18	1937/10	塩原線の支線 後に延長され矢板北線に
中部・北陸	岡多本線	岡崎～多治見	57.1	1930/12	岡崎自動車所開設 後に瀬戸南本線・瀬戸北線に
	高蔵寺線	瀬戸記念橋～高蔵寺	8.7	1930/12	岡多線の支線 後に瀬戸西本線に
	浜名線	豊橋～二川	6	1933/3	新居町自動車所開設
	笹津線	富山～笹津	18	1933/3	
	白城線	美濃白鳥～牧戸	32	1933/8	美濃白鳥自動車所開設 後に延長され金白南線に
	奥能登本線	穴水～能登飯田	48	1935/10	穴水自動車所開設

	金福線	金沢～古屋谷	9	1935/10	森本自動車所開設 後に延長され金白北線に
	小木線	宇出津北口～小木町	8	1938/7	奥能登線の支線
近畿	亀三線	亀山～三雲ほか	42.8	1932/3	水口自動車所開設 後に延長され亀草本線に
	園篠本線	篠山～原山口	21	1934/3	篠山自動車所開設
	城北線	福住清水～京橋口	10	1934/7	後に延長され園篠南線に
	若江本線	平野～若狭熊川	11	1935/12	近江今津自動車所開設
	尾鷲線	尾鷲～上木本	44	1936/10	尾鷲自動車区開設 後に延長され紀南本線に
	京鶴本線	京都～鶴ケ岡	75	1937/3	京都自動車区開設
	八幡線	三雲～元八幡	20	1937/8	亀草線の支線
	山国線	周山～井戸	8	1938/7	京鶴線の支線
	園福本線	園部河原町～福知山	49	1939/2	
中国	三山線	三田尻～山口	18.4	1931/5	山口自動車所開設 後に延長され防長本線に
	倉敷線	倉敷～茶屋町	7	1933/3	倉敷自動車所開設 後に両備線の支線に 後に延長され茶屋町線に
	広浜線	広島～亀山北口	26	1934/3	横川自動車所開設
	岩日本線	岩国～小郷橋	21	1934/3	岩国自動車所開設 後に岩益本線に
	雲芸本線	出雲今市～備後十日市	105	1934/8	出雲今市自動車所開設
	里熊線	三刀屋～木次	4	1934/8	雲芸線の支線
	大田線	赤名～石見大田	42.1	1935/9	雲芸線の支線
	両備本線	倉敷～岡山	19	1937/3	後に延長され瀬戸内東本線に
四国	予土線	松山～久万	33	1934/3	松山自動車所開設 後に延長され予土北本 線・予土南本線に
	川池本線	川之江～阿波池田	32	1934/3	川之江自動車所開設
	大栃本線	土佐山田～大栃	27	1935/1	土佐山田自動車所開設
	西讃本線	観音寺～琴平	18	1936/2	観音寺自動車所開設
	南予本線	近永～魚成橋ほか	33	1936/3	伊予日吉自動車所開設
	豊浜線	財田大野～豊浜	9	1936/11	西讃線の支線
	三島線	上分～伊予三島	5	1936/12	川池線の支線
	善通寺線	一ノ谷～善通寺	16	1937/8	
	仁尾線	善通寺大通～蔦島渡船場	17	1937/8	西讃線の支線
九州	佐賀関本線	幸崎～佐賀関	10	1933/3	佐賀関自動車所開設
	佐俣線	宇土～熊延佐俣	22.7	1934/6	宇土自動車所開設
	宮林本線	宮崎～小林	50	1934/10	宮崎自動車所開設
	加治木線	加治木～入来	37	1935/2	加治木自動車所開設
	臼三線	臼杵～三重町	29	1935/3	臼杵自動車所開設
	山鹿線	肥後大津～南関	48	1935/8	山鹿自動車所開設
	国分本線	隼人～国分～古江	52	1935/10	国分自動車所開設
	山川本線	山川港～枕崎	33	1935/10	山川自動車所開設
	都城本線	都城～飫肥	48	1935/11	都城自動車所開設
	浜ノ市線	隼人～敷根町	8.5	1936/12	国分線の支線
	川尻線	東大山～川尻港～開聞岳	5	1938/6	山川線の支線

注：1936年9月1日の鉄道局分課規程改正により「自動車所」は「自動車区」に改称

第2章

戦時体制下で果たした使命と戦後の苦悩

ガソリン消費規制の強化と旅客輸送制限の実施

１９３７（昭和12）年7月、北京郊外の盧溝橋で日本軍と中国国民革命軍が衝突。これをきっかけに日中戦争が始まり、国民経済は準戦時体制をとることになる。１９３８（昭和13）年には国家総動員法が公布され、国をあげて戦争に全力を尽くすため、すべての人的・物的資源を政府が統制できることが定められた。自動車運送事業にとっては、車両や燃料などの調達が大きく支配されるようになり、国鉄自動車もまた例外ではなかった。

とりわけガソリンは重要な軍需品であることから、他の物資よりも優先して消費規制が行われた。具体的には、１９３８年5月の総量16％削減に始まり、10月から34％、１９３９（昭和14）年5月から48％、10月から56％、１９４０（昭和15）年5月から59％、10月から64％、１９４１（昭和16）年5月から75％と規制率がどんどん拡大。アメリカが石油対日輸出抑制策をとった後の同年10月からは、総量で87％、バスについては１００％となり、もはやバス事業者には一滴のガソリンも供給されなくなった。

さらに、ガソリンに続いてエンジンオイル、タイヤ、その他自動車部品などが相次いで配給統制の強化対象となり、ついには車両そのものが逼迫して、マヒ状態に至るのである。

国鉄自動車では1937年に木炭・薪《まき》ガス発生炉の研究を行い、代燃車（代用燃料車）を実用化した。ガソリン車は次々に代燃車に改造され、1941年9月までにすべてのバスと多くのトラックが代燃車となっている。

並行して、1939年から燃料供給量に合わせた輸送計画を作成。いわゆる統制輸送計画が推進された。旅客輸送に関しては、駅や乗降場の廃止、鉄道並行路線や閑散路線の営業休止、大幅な運行回数の削減などが行われた。故意に列車と接続せず、旅客を歩かせるなど、現在ではおよそ考えられない方法もとられたという。また、不要不急の旅行、戦争遂行に直接必要でない旅行は徹底的に制限され、乗車券の発売も統制された。1944（昭和19）年には「旅客輸送制限要領」が実施され、輸送対象は学生、工員、その他の通勤者のみとされた。

山鹿自動車区で使用されていた木炭車

◇

一方で、戦力増強に役立つ物資の増産は活発に行われ、そうした現場の労働者輸送や都市疎開に伴う輸送という使命が、自動車運送事業者に課せられていた。国鉄自動車でも、増加する輸送需要に応えるため、必要な資材の確保が非常に困難な中で、路線の拡充は続けられた。

北海道地方では、日勝《にっしょう》線様似《さまに》～庶野《しょの》間と歌別《うたべつ》～襟裳《えりも》間の支線が開業している。東北地方では、古川線一ノ関～吉岡間、下北線本田名部《ほんたなぶ》～川内町《かわうちまち》間が開業したほか、二戸《にのへ》線や沼宮内線で支線の延長が進められた。近畿地方では、近城線加茂～清水橋間が開業したほか、若江線や園篠線、園福線の支線が延びている。軍需産業が集積する中国地方では、光線光《ひかり》～室積《むろづみ》間、安芸《あき》線広島～呉～仁方《にがた》間、西条《さいじょう》線広～西条間が開業している。四国地方では、南予《なんよ》線の支線が開設された。九州地方では、嬉野線武雄《たけお》～彼杵《そのぎ》間、直方《のおがた》線福間～直方間と宮田町《みやたまち》～新飯塚間の支線が開業している。

また、不要不急の鉄道線の休止が行われ、その代行輸送を国鉄自動車が担当することになった。1943（昭和18）年には国鉄信楽《しがらき》線の休止により、近城線の信楽～貴生川《きぶかわ》間が延長されている。また、国鉄札沼《さっしょう》線の一部休止により、石狩《いしかり》線石狩月形《つきがた》～石狩追分間ほかが開業した。さらに四国では、国鉄鍛冶屋原《かじやばら》線の休止により、鍛冶屋原線板西～鍛冶屋原間が開業している。1944年には千葉で成田鉄道多古《たこ》線の休止により、多古線八日市場～成田間が開業した。また、国鉄白棚《はくほう》線の休止により、磐城線白河～磐城棚倉《いわきたなくら》間が開業している。

岐阜県では、東海道本線の貨物列車の輸送力をアップするため、勾配のきつい大垣～関ケ原間に下り列車専用の勾配緩和別線が建設され、途中に新垂井《しんたるい》駅が設けられた。これにより従来の下り線が撤去されたため、下り線の新垂井駅と上り線の垂井駅を結ぶ連絡バスが運行されることになった。1944年に府中《ふちゅう》線として開業し、垂井自動車区が開設されている。

なお、乱立ぎみだった鉄軌道・バス事業者を政策的に整理・統合し、交通機関の利便性を向上させるため、1938年に陸上交通事業調整法が施行された。「急ぎ調整を要する地域」として、東京市とその周辺、大阪市とその周辺、富山県、香川県、福岡県が指定され、富山県の統合主体として、富山地方鉄道が成立した。このため、国鉄自動車笹津線は1943年に廃止され、富山地方鉄道に移管されている。

戦時体制下における原産地路線開設と機動隊輸送

1941（昭和16）年12月、真珠湾攻撃をきっかけに太平洋戦争が始まる。そして1942（昭和17）年6月、ミッドウェー海戦に敗れると、日本の戦局は急激に悪化していく。

戦時下の貴重な輸送力を有効に活用するため、1943（昭和18）年、輸送のあり方についての指針を与える「輸送手続」が制定された。国鉄自動車の輸送分野は、「生産力拡充物資、生活必需品等、戦時重要物資、原産地輸送を担当する」「旅客輸送は、工員、学生、通勤・通学輸送等国策的輸送を担当する」とされている。国策遂行に影響を与えるため、旬および月ごとに輸送実績の追及が行われ、障害となる原因については徹底的に究明された。基本的な思想として、旅客はあくまで抑制し、国策的な貨物優先を主体とするものだった。

◇

戦時中の国鉄自動車の輸送は一面、貨物の輸送史であるともいえる。当時、貨物自動車輸送の大部分が民間事業者によって行われていたが、いずれも規模が小さく、国家の要望するような輸送は行えていなかった。そこで国鉄自動車は、戦局の深刻化に伴い、貨客の総合輸送を原則としていた路線開設から、初めて貨物のみを輸送対象とする路線開設へと転換。硫化鉱・マンガンなどの鉱石類、木材・薪炭《しんたん》などの重要物資の原産地における輸送を目的とした原産地路線を、相次いで開設していった。

上ノ国自動車区が担当した石崎線のマンガン輸送

北海道地方では、石崎線上ノ国《かみのくに》～石崎間、国富《くにとみ》線国富～茂岩《もいわ》間、千栄《ちさか》線富内《とみうち》～千栄間が開業した。東北地方では、大鳥線鶴岡～上田《かみた》沢《ざわ》間、鹿角《かづの》線毛馬内町《けまないまち》～小坂町《こさかまち》間、押角《おしかど》線押角～大渡《おおわたり》間、鳥海線象潟《きさかた》～横岡間ほか、奥会津線会津田島～会津西方間、胆江《たんこう》線水沢～火石《ひいし》間が開業している。関東・信越地方では、北山線糸萓野《いとかやの》～糸萓間ほかが開業した。中部・北陸地方では、竜山線遠江二俣《とおとうみふたまた》～遠江青谷間、徳山線岐阜～櫨原《はぜはら》間ほか、大野線大野口～越前大谷間が開業している。中国地方では、多里《たり》線生山《しょうやま》～伯耆新屋《ほうきあらや》間、四国地方では、窪川線土佐久礼《とさくれ》～吉野生《よしのぶ》間が開業した。九州地方では、高千穂線日ノ影～高森間、米《め》良《ら》線妻《つま》～湯前《ゆのまえ》間が開業している。

戦時緊急時であることから、これらの多くがいわゆる露天開業であった。施設も民家を借り入れたり、皆無の場合すらあったりして、技術者の不足、資材の不足と戦いながら、運行が行われていた。したがってこれらの路線は、鳥海線、竜山線、大野線、窪川線、米良線など、ごく一部が後に一般路線化され、旅客営業が開始されたのを除き、戦後になって休廃止されている。

千栄線のトラックの基地となった
振内自動車区

一方、東京地区では国鉄自動車創業前の大正時代から、自動車による荷電代行（荷物電車輸送の代行）や貨車代行（貨車輸送の代行）が行われてきた。これは、鉄道輸送の手小荷物と貨物を自動車輸送にすることにより、速達性を向上させるとともに、荷物電車や貨物列車を削減することが目的だった。戦時体制の下、この荷電代行を機動的に行うため、東京自動車区の本区と併せ深川支区、隅田川支区、川崎支区、丸の内支区、両国支区、下谷支区、新宿支区が開設された。このうち深川支区、両国支区は戦災により移転して江東支区、新橋支区となり、新橋支区はさらに戦後、再移転して世田谷支区となっている。

◇

1945（昭和20）年に至ると、日本の交通通信は寸断に近い状態となり、中央集権機構は逐次、地方分権体制に組織変えせざるを得なかった。国鉄自動車でもこうした情勢に対処し、非常の場合を考慮して、車両の地方移転を進め、地方の権限に委ねる運営が行われた。

日勝線では小口貨物輸送も行われていた

また、民間トラックが大規模に徴発されたため、地域的輸送力が極度に逼迫し、国鉄トラックに対する輸送要請が高まった。そこで、一定地域にとどまらず、マンガンや木材など産地に滞っている資材を一掃しようと、初めて路線外へ進出し、いわゆる機動隊輸送が遂行された。

復興輸送による国鉄自動車再建と地方路線の新設

1945（昭和20）年8月に太平洋戦争は終わったものの、日本の経済は極度に逼迫し、生活物資も不足していた。国鉄自動車は戦時中、原産地輸送や機動隊輸送など採算を度外視した国策輸送を遂行したことから、その経営状況はきわめて悪化していた。このため戦後、ただちに取り組まれたのは、旅客輸送の制限緩和と復興資材・生活物資の貨物輸送による国鉄自動車の再建であった。

貨物輸送強化から再び貨客両立の輸送体制に改められ、運休区間の復活や必要な駅・乗降場の設置が急速に進められた。鉄道との連絡も密に行い、トラックに簡単な改造を施した車両を投入して不足するバスを補った。貨物輸送は復旧・復興資材および食糧・薪炭などの生活物資の輸送に重点が置かれ、一般路線への転換が困難な原産地路線は休廃止が進められた。

また、産業開発と民生安定を図るため、国鉄自動車に特設機動班を設置。元軍用トラック1000台の配分を受け、北は札幌から南は鹿児島県加治木まで全国36カ所の担当自動車区を指定して、復興資材・生活物資の輸送を行った。さらに、進駐軍からも余剰車両1700台以上の払い下げを受け、中にはボディが架装され、バスとして使用されたものも見られた。

1947（昭和22）年には区間貨物取扱規程を施行。これにより、これまでの機動班による貨物輸送は、取り扱い種別と輸送区間を限定したものとなり、また運賃も民間のトラック事業者に対する認可運賃を適用する「区間貨物」営業へと移行された。そしてこの営業は、全国48カ所の

区間貨物輸送に使用された進駐軍払い下げのトラック

自動車区を拠点として行われた。

◇

　復興に向けて交通需要が旺盛になっているのに対して、著しい物資の不足により、民間事業者の再建はなかなか進まなかった。そのため国鉄自動車は、地方からの強い要請を受ける形で、全国的に路線の開設を進めていった。

　とくに北海道は、戦後の国土開発の中で重要地域に位置づけられたため、その開発における国鉄自動車の役割が強く期待され、数多くの路線が新設された。江別《えべつ》線江別～釣橋《つりはし》間ほか、空知《そらち》線月形《つきがた》市街～岩見沢間、羊蹄《ようてい》線豊浦～京極《きょうごく》間ほか、美瑛線美瑛～新三ノ宮間ほか、北十勝線士幌《しほろ》～村山間ほか、十勝線帯広～元駅逓《もとえきてい》間ほか、南十勝線大樹《たいき》～大正間、当《とう》麻《ま》線当麻～新二股《しんふたまた》間など計300km以上が、194

開業まもない1947年当時の川本線石見大田駅前

8（昭和23）年11月に一気に開業した。これらの路線は沿線の開発とともに成長し、その多くが分割民営化まで存続する幹線となっている。

東北地方では、遠野《とおの》線遠野～陸前高田間、岩泉《いわいずみ》線宇津野《うつの》～小《お》本《もと》間などが開業している。関東・信越地方では、霞ケ浦線土浦～佐原《さわら》間、高遠《たかとお》線茅野《ちの》～伊那北間などが開業した。中部・北陸地方では、竜山線が旅客営業を開始して天竜線と改称され、支線を延ばしている。近畿地方では、熊野線紀伊田辺《きいたなべ》～請川《うけがわ》間が開業したほか、若江線や園福線の支線が開設された。

中国地方では、安浦線上黒瀬～安浦間、秋吉線山口～吉則《よしのり》間ほか、川本線石見大田《いわみおおだ》～大朝《おおあさ》間が開業。川本線にはいくつもの支線が開設されたほか、本線は後に広浜線へ乗り入れ、広島～石見大田間の快速バスや夜行バスが運行される動脈となる。また、大畠《おおばたけ》から国鉄が連絡船を運航する周防《すおう》大島で、大島線の本線小松港《こまつこう》～久賀～伊保田《いほだ》間、支線の安《あ》下庄《げのしょう》線小松港～周防下田間が開業。鉄道のない島を走る唯一の国鉄バスとして、分割民営化まで存続することになる。このほか、岩日《がんにち》線に多くの支線が開設されている。

旅客輸送成績の推移（昭和15年度～昭和24年度）

種別＼年度	営業便走行キロ		輸送人員		輸送人キロ		収入		旅客車キロ当り収入
	(千キロ)	指数	(千人)	指数	(千人キロ)	指数	(千円)	指数	(円、銭)
昭和15	12,775	100	24,236	100	246,162	100	5,421	100	0.42
16	11,020	86	22,778	94	235,472	96	5,111	94	0.46
17	13,846	108	25,646	106	267,094	109	7,597	140	0.55
18	15,422	121	33,488	108	346,279	141	9,905	183	0.64
19	14,084	110	30,266	125	314,066	128	12,091	223	0.86
20	12,542	98/100	28,832	119/100	307,279	125/100	17,899	330/100	1.43
21	13,174	103/105	30,558	126/106	337,474	137/110	45,630	842/255	3.46
22	19,033	149/152	41,287	170/143	444,066	180/145	227,488	4,196/1,271	11.95
23	24,651	193/197	47,874	198/166	485,939	197/158	701,289	12,937/3,918	28.45
24	28,962	227/231	61,265	253/212	561,918	228/183	1,231,164	22,711/6,878	42.51

貨物輸送成績の推移（昭和15年度～昭和24年度）

種別＼年度	営業便走行キロ		輸送トン数		輸送トンキロ		荷電代行		収入		車キロ当り収入
	(千キロ)	指数	(トン)	指数	(トンキロ)	指数	(千キロ)	指数	(千円)	指数	(円、銭)
昭和15	2,742	100	300,673	100	4,841,486	100			869	100	0.32
16	3,979	145	424,463	141	7,312,409	151			1,154	133	0.29
17	4,746	173	510,423	170	8,695,091	180			2.265	261	0.48
18	7,255	265	931,997	310	14,722,847	304			3,416	393	0.47
19	13,953	509	1,822,953	606	27,330,658	565			8,324	958	0.60
20	14,516	529/100	1,709,787	569/100	24,676,452	510/100			7,902	909/100	0.54
21	15,078	550/104	1,366,546	454/80	21,311,836	440/86			25,364	2,919/321	1.68
22	13,399	489/92	1,044,976	348/61	16,766,719	346/68	934	100	108,230	12,455/1,370	8.08
23	24,625	898/170	1,129,681	376/66	19,387,069	400/79	8,582	919	352,933	45,217/4,973	15.96
24	20,777	758/143	1,015,021	338/59	16,744,403	346/68	11,493	1,231	652,211	75,053/8,254	31.39

四国地方では、旅客営業を開始した窪川線の支線が延びている。九州地方では、日肥《にっぴ》線妻〜湯前間、北薩《ほくさつ》線鹿児島〜米ノ津港《こめのつこう》間ほかが開業している。

なお、1946（昭和21）年には東海道本線に垂井駅経由の下り線が復活し、国鉄自動車の府中線および垂井自動車区は廃止された。また、同年に札沼線石狩当別〜浦臼間、翌年には鍛冶屋原線全線と信楽線全線で鉄道運輸営業が再開され、当該区間の国鉄自動車は廃止されている。

このようにして、1940（昭和15）年度にバス550台、営業キロ2619km、輸送人員2423万6000人だった旅客輸送実績は、1945年を底に回復し、1949（昭和24）年度にはバス1570台、営業キロ5238km、輸送人員6126万5000人まで拡大している。また貨物輸送実績は、トラック235台、輸送トン数30万673tから増加の一途をたどり、トラック2393台、輸送トン数101万5021tへと大幅に拡大した。

国鉄バス反対運動の再燃と国鉄の公共企業体化

特設機動班による貨物輸送は、従来の国鉄自動車の運営とはまったく異なる性格のものであったため、民間トラック事業者に非常に圧迫感を与えた。物資が乏しい中、安い運賃で輸送にあたっていた民間トラック事業者の経営は厳しく、国鉄自動車への激しい反発を招いた。

また、休止路線の復活や新規路線の開設による急速な国鉄自動車の拡大は、バス事業者にとって大きな脅威となった。交通需要が高まる中、物資の不足によって地域住民の期待に応えられない民間バス事業者は、国鉄自動車を厳しく批判し、民間への手厚い助成策を強く望んだ。

日本乗合自動車協会は、国鉄バスに関する業者大会を1946（昭和21）年に相次いで4回開催。翌年の第5回大会では、「省営バス反対決議」を運輸大臣に提出した。前節でふれたように、当時の国鉄自動車は赤字経営であったため、国の財政再建の見地から、さらにはアメリカ的自由経済の見地からも、国鉄バスを民間に払い下げるべきであるとの声が高まった。

これに対してGHQ（連合国軍最高司令官総司令部）のCTS（民間運輸局）は、国鉄バス・トラックをこのまま放置しておくべきではないとし、道路都市交通部長E・F・パウエルの名で、次のような勧告を行った。

一、民間のバス及びトラック会社を代表して当司令部民間運輸局に対し書面又は口頭を以てその企業の国営化に反対なる旨の陳情をなす人々が最近数箇月の間に著しく増加してきた。その度毎に当運輸局は運輸省に対して、その陳情の内容を調査してその結果を報告し且つ、省としてその陳情をいかに取扱うかの方針を示すことを要求したのである。かく調査した結果は何れの場合においても最後には関係自動車会社の役員並に貴省の役員全国及び地方の乗旅連及び貨連との会議が開かれ、その陳情に対して満足すべき解決が与えられたのであった。

二、実際においてどの場合にあっても、細末の事項は別として問題の総体的傾向は常に同一であった。即ち民間の業者はサービスが悪いという非難を受け、これに対して一般民衆の間からそれを国営化してほしいという要望が出ていること、そして政府としては該業者と直接競争に入ろうと企画しているか、或は実質上既に民間業者と競争していること、然して民間バス又はトラック業者は国営反対の陳情をしていることである。かかる不健全なる情勢はいつまでも放置しておくべきではないのである。

三、当ＣＴＳの意向としては民営バス、トラックに対する国営の競争という由々しきこの問題を再検討し分析して、最高司令官の経済に対する基本的方針に従って問題を解決しようと思っている。然して問題の再検討は既に始められた。

四、よって本問題の徹底的解決を見るまでは運輸省としては、既設の国営バス又はトラック業務を拡張し、又は国営自動車線を新設する計画は一切停止することが望ましい。但し、今後当ＣＴＳによって特定の線が認可された場合はこの限りではない。

悪路の続く日勝線を行く1940年代の乗合バス

さらに１９４８（昭和23）年11月、新規国営バスおよびトラックの拡張は酌量すべき事情あるいは緊急状態にのみ許可するという覚書が、ＣＴＳと運輸省との間で交わされた。

◇

戦後のインフレと大量の復員兵の受け入れにより、１９４８年度の国鉄の赤字はおよそ３００億円に上っていた。そこでＧＨＱは、国鉄を専売事業などとともに独立採算制の公共企業体とし、効率的な経営を目指すよう勧告した。

国鉄自動車は、創業以来の赤字の累積と民間払い下げの声の高まりにより、自動車部門のみ独自に独立採算制を試行。１９４９（昭和24）年１月１日から広島県の横《よこ》川《がわ》自動車区において、自動車区単位の独立採算制を導入し、経営改善に取り組むとともに、全国的な体制移行へ

防長線佐波山トンネルの前に並んだ乗合バス

の準備を整えた。そして同年6月、国鉄は公共企業体という独立した公法人としてスタート。ここに省営自動車20年の歴史の幕は閉じ、新生国鉄自動車として新たな道を歩み始めたのである。

困窮から新時代へ 1940年代の国鉄自動車の車両

国内自動車メーカーがディーゼルバスの開発を進めていた1930年代後半から1940年代前半にかけては、ガソリン消費規制の強化が急速に進められた時期でもある。国鉄自動車では1937（昭和12）年、薪ガス発生炉を搭載した代燃車を初めて実用化。1941（昭和16）年までにすべてのバスと多くのトラックが代燃車に改造された。代燃車はエンジンの発する出力が小さかったため、スピードが遅く路線の所要時間は増大した。

上り坂では乗客がバスを降りて押さなければならないケースもあり、炉内から発生するガスによる一酸化炭素中毒も多発した。また炉内の薪をうまく燃やすため、わざわざ凸凹を通過するなど運転にコツを要したともいわれている。

代燃車は構造上整備が難しく、資材不足も相まって整備不良が相次いだ。このため終戦時、戦災を免れたバスとトラックの休車率は4割に近く、急増する旅客・貨物の輸送需要に応えることはできなかった。そこで、国鉄自動車ではまず元軍用トラック1000台を譲り受け、次いで進駐軍の余剰車両約1700台の払い下げを受けた。多くがそのまま復興物資の輸送に使用されたほか、ボディが架装されバスとして活躍したものもあったことは、先に述べたとおりである。なお、民間事業者からも払い下げを求める声が強まったため、「資力信用充分にして優良」であることを条件とした上で、およそ7100台（トレーラーを含む）が運輸省から貸し渡されている。

やがて国内自動車メーカーも、資材不足や労働条件の低下などの悪条件から復興。国鉄自動車では1949（昭和24）年から乗車定員50～70名、エンジン出力85～110馬力クラスの大型ディーゼルバスを採用した。さらに1950（昭和25）年、セミトラクターヘッド（後部にトレーラーの前部分を載せる牽引車）と81人乗りのトレーラーを組み合わせたトレーラーバスを導入している。

では、1940年代の国鉄自動車について、特徴的な車両をいくつか紹介していく。

◇

●薪ガス発生炉を搭載した代燃車

国鉄自動車の代燃車は、運輸省で優良認定試験が行われた薪ガス発生炉を搭載した。その仕組みは、燃料の薪を不完全燃焼させることにより、一酸化炭素を発生させ、その中から煤《すす》を除去してエンジンに供給するというもの。うまく不完全燃焼させるには高度な技術が必要であり、また頻繁なメンテナンスも求められたという。バス・トラックのガソリンエンジンがそのまま使えることから、手持ちのガソリン車が次々に代燃車に改造された。

薪ガス発生炉を搭載した乗合バス

薪ガス発生炉を搭載したトラック

●進駐軍払い下げの軍用トラック

米国の自動車メーカーGMCやダッ

振内自動車区で原産地輸送に使用された進駐軍払い下げ軍用トラック

ジ・ブラザーズのトラック、水陸両用車アンヒビアンなど、進駐軍から払い下げられた車両たちは、戦後日本の車両不足の中で大きな役割を果たした。復興物資の貨物輸送を担っていた国鉄自動車の場合、その多くが左ハンドルのままトラックとして活用された。

●大型ディーゼルバスの出現

１９４８（昭和23）年には全長約８ｍクラスのいすゞＢＸ91型が登場、翌１９４９年には全長８～10ｍクラスの三菱Ｂ２型シリーズが発表された。最高出力85～１１０馬力、乗車定員50～70人と、性能的にもスタイル的にも優れた大型ディーゼルバスの出現は、国産バスの新たな時代の幕開けを告げるものだった。国鉄自動車でも相次いで採用されている。

●大量輸送に貢献したトレーラーバス

大量輸送を効率的に行うため、トレーラートラックを開発していた日野自動車は、これをベースにトレーラーバスＴ11Ｂ型を発表。さらに改良を重ね、１９４９年にＴ13Ｂ型が発売されると、

1948年度から採用されたボンネットバスいすゞBX91型

1950年に採用されたトレーラーバス日野T13B型

全国のバス事業者に普及した。最高出力１１５馬力、全長約14ｍのトレーラーは80人を超える乗客定員を誇る。国鉄自動車では１９５０年に採用され、両備線や安芸線などで使用された。

◇

１９３５（昭和10）年に規定された車両称号は、狭隘路線用の小型バス、付随車つきの連節バス、貨客同時輸送用自動車の使用開始により、１９３７年に改正が行われた。さらに戦後、１９４６（昭和21）年に第１位のアルファベットが廃止され、バスは乗車定員、トラックは積載量を第１位とし、車名を第２位とする数字だけの称号に変更されている。

達第619号　昭和21年12月23日改正　昭和22年2月1日施行

第１の数字（乗車定員、積載トン数その他を表す）

1	1形	旅客自動車	乗車定員29人以下
2	2形	旅客自動車	乗車定員30人以上　42人以下
3	3形	旅客自動車	乗車定員43人以上
4	4形	貨物自動車	積載トン数3.5トン未満
5	5形	貨物自動車	積載トン数3.5トン以上
6	6形	貨物自動車	4形、5形以外の貨物自動車 （タンク車ダンプカー等）
7	7形	特殊自動車	トラクター、除雪自動車、クレーン車等 動力を有する特殊自動車
8	8形	特殊自動車	施客附随車、貨物附随車等 動力を有しない特殊車

第２の数字（車名を表す）

1	いすゞ、ちよだ、スミダ	4	ふそう
2	ニッサン	7	その他国産車
3	トヨタ	9	外国車

【ルポ】日勝線（JR北海道バス）1943（昭和18）年開業

「北の大地ブームとは無縁　襟裳はいま何もない春」

日勝線は戦前の1943年8月に様似〜庶野間と歌別〜襟裳間、戦後の1946（昭和21）年11月に庶野〜広尾間が開業し、国鉄の日高本線と広尾線が国鉄自動車によって結ばれた。1960年代には帯広〜えりも灯台間の急行便も運行され、大型のリュックサックを背負ったいでたちが特徴の〝カニ族〟とよばれる若者旅行者が急増。広尾線「愛国から幸福ゆき」の乗車券ブーム、森進一が歌う『襟裳岬』の大ヒットなど追い風が続いた。札幌都市圏輸送が中心となったJR北海道バスで、鉄道廃止代替の深名線《しんめい》を除けば唯一の地方路線となった日勝線に乗り、広尾〜襟裳岬〜様似駅とたどってみよう。

◇

季節は春から夏に移ろうというのに、細かい雨が落ち、少し肌寒い。朝9時半ごろ、「広尾バス待合所」と書かれた旧広尾駅舎の待合室を覗いた。国鉄再建法の制定を受けて広尾線が廃止されたのは、1987（昭和62）年2月のこと。代替輸送は十勝バスが担当し、駅の出札窓口は同社の案内所として使用されている。また、事務室の跡は『広尾町鉄道記念館』となり、広尾線の列車の写真パネルや閉塞器（運転保安装置の一種）、保線用具、制服などが展示されていた。

やがて、構内の片隅に待機していた様似行きのJRバスが駅舎前に移動。国鉄では3形、JR北海道バスでは4形とよばれる中型車で、神奈川中央交通から中古購入したものだ。所要2時間近いローカル路線に都市バ

スタイプの中型車が使われていたのは、ちょっと意外。けれど乗客は数人で、都市バス特有の少ない1人掛けのシートすら埋まらなかった。

10時ちょうどに発車して、国道336号を南下。町の中心部を抜けると、左車窓いっぱいに太平洋が広がった。音調津《おしらべつ》の集落を過ぎると、「ここから黄金道路《おうごんどうろ》」という標識が見え、切り立った崖の直下に覆道（トンネル状の防護工）が連続する。柱の間から舞い込む波しぶきが、道路を濡らしている。黄金を敷き詰められるくらい建設費がかかったという、「黄金道路」の名の由来が、納得できる光景だ。道路の開通は1934（昭和9）年。国鉄自動車が走り始めた1940年代当時は、荒波が洗う凸凹の狭隘路と素掘りのトンネルが続く難所だったようだ。

えりも町に入り、全長4941mの真新しいえりも黄金トンネルをくぐる。波浪・雪崩対策として2011（平成23）年2月に完成したもので、その長さは道内一を誇る。庶野の集落の先で左手の県道にそれると、なだらかな丘陵地帯となり、低木の林の間に緑の牧草地が広がる。アップダウンを繰り返しながら、少しずつ高度を上げ、11時前に襟裳岬に到着した。

◇

いつのまにか雨は上がり、薄日がさしている。風速10m以上の風が吹く日が年間約300日にも及ぶという襟裳岬だが、今日はとても穏やかだ。ならばその強風を体験してみようと、『襟裳岬風の館』に入館。旅客機のエンジンみたいなマシンから噴き出す、風速25mの風に立ち向かう。その威力は想像以上で、手すりを握りしめ、目いっぱいの前傾姿勢で、ひたすらこらえ続けた。

岬の食堂でつぶ貝のラーメンと、うに丼を昼食に

風の館には展望台もあり、双眼鏡を使って、岩場で昼寝するゼニガタアザラシたちを観察できる。春は出産の季節だというけれど、残念ながら赤ちゃんアザラシの姿は見つけられなかった。風の館から遊歩道の石段を下り、襟裳岬の先端に立つ。日高山脈の尾根がそのまま太平洋に突き刺さったような荒々しい地形だ。一直線に続く岩礁が、海面を白く波立たせていた。

レストハウスの『えりも食堂』に入り、「えりもAセット」を注文。襟裳名物のつぶ貝が入った醤油ラーメンに、ミニうに丼がついてくる。口いっぱいに広がる濃厚なうにの旨み。そしてつぶ貝のほどよいコリコリ感。一気にご飯をかきこんで、味噌汁代わりにラーメンをすすった。それにしても、ちょうど昼どきだというのに、ほかに客の姿がない。風の館の入館者も、数人だけだった。観光シーズンに入った北海道にありながら、襟裳の春はきわめて静かだった。

わずかな観光客はマイカー、レンタカーを足としており、12時48分発の様似行きＪＲバスを一緒に待つ人はいない。今度は、2人掛けシートが並ぶ大型の5形がやってきたが、車内にも先客の姿はなかった。バスは丘陵地帯から海岸線に下り、小さな集落をいくつか通過。玉砂利が敷かれた山裾では、昆布が天日干しされている。昆布漁は解禁前だが、浜の昆布拾いは一年中行われるそうだ。13時を回り、再び国道336号に戻ったしゃくなげ公園で、降車ボタンを押した。

◇

バス停近くに立つ『えりも町郷土資料館』と『水産の館』が併設された『ほろいずみ』を見学してみる。郷土資料館では、先史時代からの地域の歴史、アイヌの文化やさまざまな民具などを展示。昭和40年代の国鉄バス幌泉《ほろいずみ》駅のパネル写真が目に留まる。みやげものを売る観光センターを背に、何台ものバスが並んでおり、活気に満ちている。また水産の館では、昭和30年代の漁師家屋を再現し、町の漁業と養殖産業について紹介。長さ3ｍはありそうなミツイシコンブの標本を見上げた。館内を解説してくれた学芸員は、「観光客のほとんどが、小樽など札幌周辺と旭山動物園、富良野に行くだけ」だと言い、高速道路のないえりも町には観光バスが来ないと嘆く。「えりも町に残る日本の原風景をもっともっと見てほしいですね」と訴えた。

「ほろいずみ」の思いがけない充実ぶりに、40分の持ち時間はあっというまに過ぎ、後ろ髪を引かれながらバス停に戻る。13時43分発の様似行きはさらに大きくなり、高速車から転用された6形だった。相変わらず乗客は少なく、貸し切り気分で快適なリクライニングシートに身を委ねた。

山並みが内陸に遠ざかり、柔らかな表情の海岸線になる。次第に牧草地が増え、サラブレッドやホルスタインの姿もちらほら。様似町に入って、『アポイ山荘』というオシャレなホテルに乗り入れる。今朝からの車窓で、初めて見かけたいまどきの観光施設だ。まもなく久しぶりの「町」が現れ、14時20分、様似駅前に到着した。14時34分発の日高本線苫小牧行きディーゼルカーのアイドリング音が響いている。北海道で相次いだ鉄道路線廃止の中で、ここではまだ鉄道が生きていることを改めて実感した。

1940年代の新規開業路線

エリア	路線名	区　間	営業キロ	開業年月	備　考
北海道	石崎線※	上ノ国～石崎	21	1943/3	上ノ国自動車区開設
	日勝本線	様似～庶野	43	1943/8	様似自動車区開設
	襟裳線	歌別～襟裳	12	1943/8	日勝線の支線
	石狩本線	石狩月形～石狩追分ほか	51	1943/10	滝川自動車区開設
	滝川線	橋本町～滝川	3	1943/10	石狩線の支線
	国富線※	国富～茂岩	27	1943/11	国富自動車区開設
	千栄線※	富内～千栄	52	1944/2	振内自動車区開設
	長広本線※	札幌～中央長沼	33	1947/3	北広島自動車区開設 後に旅客営業を開始 後に長沼本線に
	江別本線	江別～釣橋	12	1948/11	江別自動車区開設
	共栄線	共栄～植民社	8	1948/11	江別線の支線
	空知本線	月形市街～岩見沢	不明	1948/11	岩見沢自動車区開設 後に一部区間が岩見沢本線に
	羊蹄本線	豊浦～京極	51	1948/11	喜茂別自動車区開設
	洞爺線	幸町～向洞爺	23	1948/11	羊蹄線の支線
	美瑛本線	美瑛～新三ノ宮	15	1948/11	美瑛自動車区開設
	千代田線	美瑛～千代田	9	1948/11	美瑛線の支線
	北十勝本線	士幌～村山	29	1948/11	士幌自動車区開設
	本別線	佐倉～下居辺市街	不明	1948/11	北十勝線の支線 後に延長され東十勝本線に
	池田線	下居辺市街～下居辺	不明	1948/11	北十勝線の支線
	南十勝本線	大樹～大正	52	1948/11	大樹自動車区開設
	十勝本線	帯広～元駅逓	不明	1948/11	帯広自動車区開設
	駒場線	木野～栄	不明	1948/11	十勝線の支線
	当麻線	当麻～新二股	11	1948/11	当麻自動車区開設
	長恵線	中央長沼～漁	22	1949/3	長広線の支線
東北	古川線	一ノ関～吉岡ほか	70	1942/6	古川自動車区開設
	湯田線	長嶺～金田一	5	1942/9	二戸線の支線
	大鳥線※	鶴岡～上田沢	30	1943/7	鶴岡自動車区開設
	下北本線	本田名部～～川内町ほか	28	1943/9	大湊自動車区開設
	平館線	沼宮内～平館	17	1943/11	沼宮内線の支線
	小鳥谷線	陸中田代～小鳥谷	26	1943/11	沼宮内線の支線
	普代線	久慈～普代	29	1943/11	沼宮内線の支線
	軽米東線	久慈～小軽米	36	1943/11	沼宮内線の支線
	軽米西線	九戸通～小軽米	26	1943/11	二戸線の支線
	鹿角線※	毛馬内町～小坂町	8	1944/1	十和田南線の支線
	押角線※	押角～大渡	11	1944/5	大渡自動車区開設
	鳥海線※	象潟～横岡ほか	20	1944/6	象潟自動車区開設 後に旅客営業を開始
	奥会津線※	会津田島～会津西方	143	1944/9	田島自動車区開設
	磐城本線	白河～磐城棚倉	24	1944/12	棚倉自動車区開設
	胆江線※	水沢～火石	34	1944/12	水沢自動車区開設
	遠野本線	遠野～陸前高田	52	1947/2	遠野自動車区開設
	一戸線	北福岡～一戸	10	1947/3	二戸線の支線
	江刈線	茶屋場～国境峠	19	1947/12	沼宮内線の支線
	岩泉本線	宇津野～小本	40	1947/12	岩泉自動車区開設
関東・信越	北山線※	糸萱野～糸萱ほか	14	1943/6	茅野自動車区開設 後に諏訪線の支線に

関東・信越	多古本線※	八日市場～成田	30	1944/1	後に旅客営業を開始 八日市場自動車区開設
	霞ヶ浦本線	土浦～佐原	48	1947/3	後に旅客営業を開始 土浦自動車区開設
	栗源線	多古～佐原	20	1947/3	
	高遠本線	茅野～伊那北	39	1948/1	
	伊那里線	高遠～伊那里	13	1948/1	高遠線の支線
	山倉線	栗源～山倉	4	1948/12	多古線の支線
	安中線	大谷～安中	6	1949/1	霞ヶ浦線の支線
	十余島線	江戸崎高校前～常陸幸田	不明	1949/1	霞ヶ浦線の支線
中部・北陸	竜山線※	遠江二俣～遠江青谷	25	1944/3	遠江二俣自動車区開設 後に延長され天竜本線に
	徳山本線※	岐阜～櫨原ほか	80	1944/9	後に旅客営業を開始 岐阜自動車区開設
	越波線※	門波～越波	16	1944/9	徳山線の支線
	大野本線※	大野口～越前大谷	37	1944/9	大野自動車区開設 後に旅客営業を開始
	府中線	垂井～新垂井	4	1944/10	垂井自動車区開設
	佐久間線	西渡～佐久間	6	1946/10	天竜線の支線
	医王山線	古尾谷～加賀二俣	6	1948/9	金白北線の支線
近畿	琵琶湖線	弘川口～木ノ本ほか	41	1940/8	若江線の支線
	牧野線	蛭口～北牧野	不明	1940/8	若江線の支線
	近城本線	加茂～清水橋	18	1940/11	加茂自動車区開設
	畑線	般若寺～畑山ほか	9	1944/3	園篠線の支線
	名田庄線	小浜～納田終ほか	36	1946/6	若江線の支線
	熊野本線	紀伊田辺～請川	73	1947/6	
	有路線	福知山～筈巻	7	1948/12	園福線の支線
	西津線	小浜～甲ヶ崎	不明	1949/1	若江線の支線
	佐山線	前野～深川	11	1949/2	
中国	矢掛線	倉敷～矢掛	32	1941/6	両備線の支線
	光本線	光～室積	8	1942/6	光自動車区開設
	安芸線	広島～呉～仁方	39	1942/7	海田市自動車区開設
	多里線※	生山～伯耆新屋	19	1943/5	生山自動車区開設
	西条本線	広交叉点～西条	28	1943/8	
	安浦線	上黒瀬～安浦	11	1946/11	
	秋吉本線	山口～吉則ほか	43	1946/11	
	川本本線	石見大田～石見中野～大朝	72	1947/5	川本自動車区開設
	高原線	石見谷～田所	26	1947/5	川本線の支線
	阿須那線	石見高原～阿須那	不明	1947/5	川本線の支線
	本郷線	上宮串～周防本郷	12	1948/2	岩日線の支線
	高根線	下出市～周防宇佐	23	1948/2	岩日線の支線
	蔵木線	六日市～石見田野原	不明	1948/2	岩日線の支線
	大島本線	小松港～久賀～伊保田	39	1948/3	大島自動車区
	安下庄線	小松港～周防下田ほか	38	1948/3	大島線の支線
	津和野線	日原～津和野	12	1948/9	岩日線の支線
	矢上線	矢上～川戸	23	1948/12	川本線の支線
	朝倉線	立戸～上七日市	6	1949/1	岩日線の支線
四国	卯之町線	坂石～卯之町	27	1941/5	南予線の支線
	小田町線	伊予大洲～参川口	35	1941/7	伊予大洲自動車区開設 南予線の支線

注：※印は貨物営業のみの路線

四国	鍛冶屋原線	板西～鍛冶屋原	7	1943/11	鍛冶屋原自動車区開設 後に延長され阿波本線に
	窪川本線※	土佐久礼～吉野生	101	1945/4	窪川自動車区開設 後に旅客営業を開始
	檮原線	土佐田野々～大奈路	不明	1949/1	窪川線の支線
九州	嬉野本線	武雄～彼杵	26	1942/4	嬉野自動車区開設
	直方本線	福間～直方ほか	58	1943/2	直方自動車区開設
	飯塚線	宮田町～新飯塚	12	1943/2	直方線の支線
	高千穂線※	日ノ影～高森	60	1944/6	高千穂自動車区開設
	米良線※	妻～湯前	78	1944/12	妻自動車区開設 後に旅客営業を開始
	桜島線	桜島口～袴腰	15	1944/12	国分線の支線
	日肥本線	妻～湯前	78	1946/11	
	北薩本線	鹿児島～米ノ津港	85	1947/3	鹿児島自動車区開設
	北薩東線	薩摩塚田～花尾校前ほか	不明	1947/3	北薩線の支線

注：※印は貨物営業のみの路線

第3章

バス黄金期を迎えて

――都市間路線・観光路線の躍進

つばめマーク誕生！　好景気の下でバス部門に重点

国鉄の公共企業体移行および国鉄自動車の開業20周年を記念して、新生国鉄自動車にふさわしいシンボルマークを求める声があがった。そこで、広く一般から公募した結果、動輪上につばめをあしらったマークに決定。1950（昭和25）年10月14日の「鉄道記念日」（現・鉄道の日）に発表された。以来、このマークは国鉄自動車の象徴となり、民営化後のJRバスの多くにも引き継がれている。

◇

独立採算制の新生国鉄自動車がスタートしてまもなく、1950年6月に朝鮮動乱が勃発。特需景気の影響を受けて国内経済も好況に転じ、輸送需要は増大した。1951（昭和26）年度にはガソリン・軽油の割当量が増加し、新車の増備も順調に進められて代燃車を駆逐。車両運用効率が向上し、輸送量は飛躍的に増加した。1952（昭和27）～1954（昭和29）年度は独立採算制第1段階の仕上げとして、減価償却費・利子等を除く直接経費を収入の範囲内に収めるという方針の下、輸送の重点がバス部門に向けられた。このため、この間の旅客輸送量（人キロ＝旅客の人数×その旅客を輸送した距離）は、対前年比114～118％と順調な増加を示してい

1952年当時の青森駅前と青森自動車営業所

美瑛の町を行く開業まもない朗根内（ろうねない）線のガソリン車

る。

一方、トラック部門は終戦直後の採算を度外視した輸送により、経営的に困難な状態に陥っていた。また、特設機動班による輸送や区間貨物の営業は、民間事業者の回復が進むにつれ、民営圧迫であるとして、強い批判の対象となった。そこで独立採算制移行後は、重要物資の輸送に重点を置き、雑品輸送などの非重要物資の輸送は民間事業者へ転換。民間輸送力の不足する地区以外からは撤退する形で、貨物輸送は極力圧縮され、その余力は旅客輸送の増強に振り向けられた。

なお、1950年4月に国鉄自動車の組織の再編成が行われ、自動車区は自動車営業所、支区は支所に改められている。

旅客輸送の拡大を目論んだ国鉄自動車ではあったが、ＣＴＳと運輸省との間で交わされた覚書に従い、また次節でふれる民間事業者との協調努力を背景として、１９５０年代の路線の新設や延長については、山間部など民間事業者の対応できない地域への進出が中心となった。

北海道地方では、厚岸《あっけし》線浜厚岸駅前〜大田間、旭川線旭川〜和寒《わっさむ》間などが開業した。東北地方では、小国《おぐに》線小国〜荒沢間、八久《はちきゅう》線八戸〜菱倉間、一ノ関線一ノ関〜前沢間、八軽線尻内《しりうち》〜軽米《かるまい》間ほか、両磐線一ノ関〜千厩《せんまや》間、安家《あっか》線陸中白山〜岩泉三本松間などが開業している。関東・信越地方では、北常陸線川尻海岸〜常陸大子《ひたちだいご》間、水都東《すいとう》線水戸〜御前山駅前間、小諸《こもろ》線小諸〜芦田間などが開業した。近畿地方では東大阪線吹田〜八尾《やお》間、中国地方では美伯《びはく》線津山〜上井間などが開業。東大阪線は、大阪の衛星都市を結ぶために阪急・京阪・近鉄が申請した吹田〜八尾間に対抗し、並行する国鉄城東貨物線の旅客代行の名目で国鉄自動車が申請したもの。紆余曲折の末、4社の運輸協定路線として開業し、国鉄バスとしては異色の大阪府内の都市路線となった。

このほか、１９５０年代には膨大な数の支線が開業している。しかし、たとえば北海道の羊蹄線の支線、網代町《あじろちょう》〜喜門別《きもんべつ》、幸町《さいわいちょう》〜礼文《れぶん》、美和〜下山梨、あるいは四国の南予線の支線、鹿野川《かのがわ》〜神納《かんのう》、矢落橋《やおとしばし》〜田処《たどころ》、蔵川〜伊予中筋というバス停名を見て、どれほどの読者がその場所の見当をつけられるだろうか。１９３０年代の開業路線を大動脈とするなら、毛細血管ともいえる路線ばかりであることに気づくと思う。１９５０年代に延長されたこのような半ば福祉的な路線は、後に国鉄バスの経営を非常に苦しめることになるのである。

道路運送法の適用と貸切バスの営業開始

国鉄バスの路線の拡大は、前述のように民営バスへの影響がない地区を対象に計画されたが、実際には路線の一部が競合することは避けられなかった。たとえば、駅を起点に山間部の不採算区間へ路線を延ばそうとしても、町の中心に近い採算区間にはすでに民営バスの路線がある。このため、国鉄バスが路線を計画すると、民間事業者も既存路線を不採算区間へ延長する出願を行い、不健全な抗争が繰り返された。さらに、国鉄バスが路線外で貸切バス営業を行っていたことも、強い批判を招き事態を悪化させた。こうした状況を解決すべく、日本乗合自動車協会では、国鉄バスと民営バスの摩擦を解消するための特段の指導を求め、運輸大臣に対する陳情を重ねた。

そんな中、１９５１（昭和26）年に道路運送法の全面的な改正が行われた。これは、１９４７（昭和22）年に施行されたこの法律を、目覚ましい発展を遂げる自動車業界に即応させることが目的だった。具体的には、①自動車運送事業の一般事業の種類を４種類から６種類（乗合旅客、貸切旅客、乗用旅客〔タクシー、ハイヤー〕、路線貨物〔路線トラック〕、区域貨物〔路線以外のトラック」、小型貨物）に変更、②各種の免許・許可・認可等についての基準を法律により規定、③利用者の不当な差別や業者間の不当な競争を防止するために運賃・料金を定額化など、10項目の骨子からなっていた。そして、国鉄が公共企業体に移行したことなどを勘案し、国鉄の自動車運送事業についても、運賃の認可、重要な事業計画の変更の認可など、民営事業との調整を図るために必要な事項を、新たに適用することが盛り込まれた。こうして国鉄自動車は、民間事業者と同じ条件の下に置かれることになったのである。

日本乗合自動車協会は、これによって国鉄バスと民営バスとの摩擦が相当緩和されるものと期待したが、容易には調整に至らなかった。そこで１９５２（昭和27）年、協会は国鉄バス対策委員会を組織し、この問題の徹底的な解決に乗り出すことになった。当初は、国鉄バスを民間事業者が買収することが、最適な抗争解決策との意見が強かった。しかし、世論の動向や国鉄労組の存在を考慮すると、実現性は薄いと考えられ、対立の根本的な調整に努力することになった。

以後、2年間にわたり会合が開かれる中で、運輸省による国鉄バスと日本乗合自動車協会の意見調整が開始された。そして１９５４（昭和29）年4月、「国営バスと民営バスの調整について」の勧告が行われ、両者はこの勧告を受け入れた。長年にわたって争ってきた国鉄バスと民間バス事業者は、①原則として相手の立場を尊重し、融和協調の精神に則り、相互に侵さないこと、②

利用者の利便を確保増進するため必要のある場合は、予め相互に連絡打ち合わせを行い、公共事業の立場から自主的調整に努めること、という基本理念の下、和解に至ったのである。

　これを受ける形で、同年中に国鉄バスは日本乗合自動車協会に加入した。また、同協会は国鉄バス対策委員会を解散した上で、バス路線調整委員会を発足した。国鉄バスと民間事業者との総合的な調整および個々の事案の協議は、以後、この場において行われることになった。

両備バスとの協議で実現した両備線の金光乗り入れ

◇

　なお、貸切営業に関しては1952年、初めて国鉄バスにも許可された。民間事業者に配慮して、①乗合事業の補完を目的として取扱旅客の範囲を限定（路線の沿線を対象とする）、②当該地域において既存貸切事業者を利用することが困難な場合（既存事業者の供給力が不足する場合や多大な回送料金がかかる場合などとする）、③貸切専用車ではなく乗合予備車を充当（充当し得る車両数を明確に指定する）、という制約が設けられた。これに従い、まずは様似、厚岸、北福岡、沼宮内、美濃白鳥、六日市の各自動車営業所で貸切営業が開始された。経済界の好

伯備線のＳＬとすれ違う貸切バス

況と民生の安定に伴い、観光地への旅客輸送需要は増大しており、その後、１９５９（昭和34）年までに43自動車営業所、77台が許可されている。

鉄道代替輸送と荷電代行・貨車代行の拡大

戦時中、不要不急の鉄道線は休止され、その資材は国策に転用されて、国鉄自動車による代替輸送が行われた。戦後、その多くは鉄道による営業が再開されたが、福島県内の磐城棚倉～白河間を結ぶ白棚線はきわめて交通量が少なく、鉄道を再開しても大幅な赤字となることが見込まれた。そこで、線路敷を国鉄自動車専用道とし、定時性とフリークエンシー（運行頻度）に優れた自動車線とすることを決定。１９５７（昭和32）年4月から国鉄自動車白棚高速線（後に白棚線）磐城棚倉～白河間（23・6㎞）が営業を開始した。所要時間は55分。13往復のバスと9往復のトラックが運行された。

奈良県の五条～阪本間に計画された阪本線は、1960（昭和35）年に五条～城戸《きど》間の路盤が完成した。しかし、部分開業では経営上、鉄道として営業することは難しく、またバスのほうが多くの停留所を設けられることから、当面、線路敷を自動車専用道として運行することに決定。1965（昭和40）年7月から国鉄自動車阪本線として営業を開始した。所要時間は26分。17往復のバスが運行された。その後、未成区間の工事は中止され、鉄道が開業することはなかった。

北陸本線の敦賀～今庄《いまじょう》間を短絡する北陸トンネルが完成すると、途中に3駅がある旧線区間は国鉄自動車杉津線として運行されることになった。旧線が廃止された1962（昭和37）年6月にまず、既設の道路を使って敦賀～新保《しんぼ》間9往復、今庄～下新道《しもしんみち》間4往復のバスを運行。線路敷が県道として整備された翌年12月には、敦賀～新保間、今庄～大桐《おおぎり》間に路線が変更された。

同じ北陸本線の木ノ本～敦賀間

戦後も国鉄自動車の代替輸送が継続された白棚線

線路敷を整備した県道を走る杉津線の国鉄バス

は、電化の際に新ルートに切り替えられた。旧線は柳ケ瀬線と改称され、気動車による運行が行われていたが、輸送密度は非常に低かった。そこで、1964（昭和39）年5月までに柳ケ瀬線を廃止し、一般道利用による国鉄自動車柳ケ瀬線の運行を開始。線路敷が自動車専用道に改修された翌年12月には、木ノ本〜敦賀間8往復をはじめ、区間便や枝線を含めると41往復のバスが設定され、フリークエントサービスが図られている。

これらのうち、白棚線はJRバス関東の路線として現存。一般道に改修された区間も多いが、自動車専用道はまだ健在である。単線幅の専用道を快走し、退避スペースのある停留所でバス同士がすれ違う、あたかも列車のような運行スタイルを、いまなお体験することができる。

◇

戦後、旅客輸送量が激増すると、都市部を中心に荷物電車運行の余地がなくなり、急増する手小荷物（託送荷物）をさばききれなくなった。そこで東京地区では、戦前から行われていた国鉄自動車による荷電代行が、次第に拡大されていった。1946（昭和21）年には大阪地区、1949（昭和24）年には新潟地区、1961（昭和36）年には北九州地区でも荷電代行を開始。1965年度には輸送量がピークを迎えた。しかし、民間事業者の輸送力が充実するにつれ、荷電代行を国鉄が直営する理由は失われていった。そのため、民営トラックへの業務委託が強力に進

都内で貨車代替輸送に使用された国鉄トラック

められ、１９８５（昭和60）年の東京自動車営業所新橋支所の廃止で終止符が打たれた。

一方、１９３４（昭和９）年に廃止されていた東京地区の貨車代行も、復興物資の輸送を目的として１９４６年、両国～錦糸町・亀戸・平井間で再開された。国鉄自動車を利用した経済輸送の実施はＣＴＳからも勧告され、１９５０（昭和25）年には、汐留、新宿、秋葉原、隅田川、両国を集約駅に指定。小口貨物取扱駅と集約駅との間で、国鉄自動車による貨車代行が行われた。また、１９５７年には東北本線秋葉原～盛岡間において、大宮、小山、宇都宮、白河、郡山、福島、長町、小牛田《こごた》、一ノ関、北上、盛岡を中心駅に指定。中心駅とその他の中間駅との間で、国鉄自動車による貨車代行が開始された。しかし、日本トラック協会を中心とした民間事業者の反対が強まる中で、輸送基地への集約は集配免許を持つ民間事業者が担うべきであると判断。国鉄自動車による貨車代行は１９６５年、すべて廃止されている。

5つめの機能「補完」と中長距離バスの運行

1950年代半ばになると、道路網の整備・改良が進展し、自動車の機能が著しく進歩していった。国鉄が貨客を奪われつつある中、運輸省は日本国有鉄道経営調査会を発足させ、国鉄の経営形態について諮問した。その結果、鉄道の自衛手段として、国鉄自動車を大いに進出させるべきであるとの答申が示された。これにもとづき、国鉄では1957（昭和32）年、「国鉄自動車の基本方針」を理事会議決した。

旅客路線についてはまず、従来の「代行」「先行」「短絡」「培養」を使命とする路線を、鉄道との連絡輸送という見地から存続しなければならないとされた。さらに、鉄道輸送の補完的または代行輸送となる急行中距離輸送を推進する必要があるとされた。当時まだ非電化区間が多かった鉄道の輸送力を補うため、急速に整備が進みつつあった並行道路に中長距離バスを走らせ、国鉄からの旅客の流失を食い止めようというものだ。そこで、国鉄自動車の5つめの使命として、「補完」が加えられたのである。民間事業者との関係が改善されたこともあり、路線を伸長させるにあたって民間事業者との利害関係が生じる場合は、相互乗り入れなどの方法によって公正な調整を行っていくという方策も示された。また貨物路線については、経済事情の安定に伴い存続の必要性はないとされ、できる限り廃止して民間事業者への転換を図るべきであるとされた。

◇

この基本方針に則る形で、中長距離路線、都市間を直結する路線の開設と急行バス・特急バスの運行が、全国各地で開始されている。

北海道地方ではまず、札樽線の増強が図られた。すでに１９５０（昭和25）年から快速便が設定され、北海道中央バスとの相互乗り入れが行われていたが、１９６０（昭和35）年に特急便の運行が開始され、これが１９７１（昭和46）年からバイパス（現在の札樽自動車道）経由に変更された。また、１９６２（昭和37）年には札幌～美唄《びばい》間の特急便がスタートしている。

1961年から採用された
中長距離バス専用カラー

東北地方ではまず、１９５２（昭和27）年に白中線仙台～磐城大内間の急行便が開業している。１９５７年には遠野線盛岡～遠野間の運行が始まり、これは後に岩手中央バスとの相互乗り入れで盛岡～陸前高田間に延長されている。１９６１（昭和36）年には古川線仙台～築館《つきだて》間の運行がスタートし、この路線は１９６５（昭和40）年に仙台～一ノ関間へ、１９６８（昭和43）年には仙台盛岡急行線へと発展。東日本急行との相互乗り入れにより、仙台駅～盛岡バスセンター間の特急便が運行開始された。1971年には盛岡金田一《きんだいち》急行線が開業。また同年、平庭高原線に盛岡～久慈間急行便〈白樺号〉が新設され、運賃とは別に急行料金が設定された。

中部・北陸地方では、1955（昭和30）年に金白北線・宝達《ほうだつ》線・奥能登線を直通する金沢～能登飯田間夜行便〈のと号〉が開業。1958（昭和33）年には名古屋鉄道・東濃《とうのう》鉄道との相互乗り入れにより、愛岐国道を走る愛岐線名古屋～多治見間の運行を開始した。また、浜名線の増強策として1962年、遠州鉄道との相互乗り入れで豊橋～浜松間快速便が設定されている。

近畿地方では、1951（昭和26）年に京鶴線と若江線の支線の名田庄線が堀越峠でつながり、京都～小浜間の運行が開始された。1963（昭和38）年には奈良交通・熊野交通との相互乗り入れにより、五条～新宮間の五新線が開業している。国鉄バスは後にこの路線から撤退するが、奈良交通が現在も大和八木～五条～新宮間3往復の運行を続けている。本節で紹介するような一般道の長距離バスがみな姿を消したいま、日本最長の路線バスとして有名な存在になった。

中国地方の国鉄自動車は陰陽連絡機能を担っており、いち早く長距離バスの運行が開始されている。まず1948（昭和23）年、広浜線で広島～浜田間急行便の運行が開始され、全国で初めて運賃とは別に急行料金（大人50円、小児25円）を設定。1952年には夜行便〈明星号〉が加

1948年に運行開始された広浜線の急行便

山口駅前で発車を待つ関門急行線

わっている。１９５４（昭和29）年には広浜線・川本線直通の広島～石見川本～石見大田間快速便がスタートし、１９５６（昭和31）年から座席指定の夜行便が設定された。

夜行バスのはしりは雲芸線にみられ、１９５０年に出雲～三次間の〈銀嶺号〉〈わかたけ号〉が登場して、三次～広島間の広島電鉄のバスと連絡運輸を行った。この雲芸線は１９５２年に広島～三次間が延長され、１９６４（昭和39）年には広島～出雲間特急便、雲芸線・川本線直通の広島～赤名《あかな》～石見大田間特急便の運行が開始されている。

１９５２年には岩日線と石見交通との相互乗り入れにより、広島～石見益田間が開業。後に広島～津和野間が加わった。なお、岩日線は国鉄岩日線の開通によって１９６０年、岩益《がんえき》線と改称されている。山陽新幹線が博多まで延長された１９７５（昭和50）年には、防長交通との共同運行による防長線小郡《おごおり》（現・新山口）～東萩間の座席指定特急便〈はぎ号〉がスタートしている。

山陽筋では、1955年に設定された安芸線の広島〜呉間急行便が、1958年に特急便〈ひかり号〉となり、1962年には岩益線・光線と直通する呉〜下松《くだまつ》間の運行も開始された。

1958年に関門国道トンネルが開通すると、山口〜博多間の路線は国鉄自動車を含めた7社の競願となった。当時、山陽本線の姫路以西と鹿児島本線はまだ電化されておらず、都市間直行バスには大きな需要が見込まれたからだ。公聴会や協議が重ねられた結果、民間事業者は共同出資の新会社を設立することを決定。このため、国鉄自動車は3月、西日本鉄道・山陽電気軌道と3社で関門急行線を暫定開業し、8月に民間合弁会社の関門急行バスとの共同運行へと改めた。

この関門急行線を含め、岡山から福岡まで国道2号〜3号による国鉄バス一貫輸送を行う構想が立てられた。そして、1968年には両備バス・井笠《いかさ》鉄道との調整により岡山〜福山間特急便、防長交通との調整により広島〜山口間特急便が運行開始、路線名も、岡山〜福山間が瀬戸内東線、広島〜山口間が瀬戸内西線と改称された。しか

マイクロバスでワンマン運行された松山〜高知間急行便

1965年に開業した北四国急行線

し、福山〜広島間では地元事業者との調整が難航し、山陽本線の電化完了で構想そのものの意義も薄れたことから、全線の開業を見ないまま、１９７５年にそれぞれ元の路線名に戻されている。

四国地方では、１９５１年に予土南《よどなん》線佐川〜高知間が延長され、松山〜高知間の運行が開始されている。１９６１年には座席指定の急行便となり、マイクロバスを使って国鉄バス初のワンマン運行を実施。１９６７（昭和42）年には松山高知急行線に改称され、翌年、急行便の車両は大型化されている。また、１９６５年には松山〜高松間の北四国急行線が開業。関門急行線と同じように、民間合弁会社の北四国急行バスとの共同運行が行われた。

新車はまず海へ山へ　観光路線の盛況

高度経済成長が続いた１９５０〜１９６０年代は、観光客の動きも活発化していった。観光路線は季節波動が大きいマイナス面はあるものの、定期旅客の多い通勤・通学路線に比べて運賃が高く、シーズン中には大きな収益を上げることができる。国鉄自動車は培養路線として、戦前から観光地への進出を図っていたが、さらなる路線の拡大や新たなサービスの提供に取り組んだ。

北海道地方では、１９５１（昭和26）年に美瑛線新三笠〜白金温泉間が延長開業。１９５８（昭和33）年には旭川延長と望岳台《ぼうがくだい》乗り入れが行われ、ガイドが乗務した。札樽線は朝里川《あさりがわ》温泉、

1962年ごろの白金温泉望岳台

伊達線は有珠《うす》展望台、洞爺線は観湖台《かんこだい》、釧根《せんこん》線は尾岱沼《おだいとう》にアクセスしている。１９６５（昭和40）年には南十勝線・日勝線を直通する帯広～えりも灯台間急行便を運行開始。また同年、日勝高原線帯広～日高町間が開業し、１９６８（昭和43）年には日勝スカイライン経由の特急便が登場した。このほか、スキー場へのシャトルバスも増加していった。

東北地方では、１９５５（昭和30）年に十和田東線福岡長嶺～中滝間が全通して北福岡駅とを結び、１９６１（昭和36）年には大館線十和田南～大館間を秋北《しゅうほく》バスとともに開業するなど、十和田湖へのルートがより充実。普代《ふだい》線が延長されて陸中海岸線となり、１９６５年には北山崎展望台にアクセスした。１９６７（昭和42）年には早坂高原線が開業し、岩手中央バスとの相互乗り入れで盛岡～岩泉竜泉洞間の急行便〈竜泉号〉の運行を開始している。

関東・信越地方では、浅間線小諸～浅間山荘間、浅間北線

修学旅行生を乗せた十和田湖行きが酸ケ湯（すかゆ）温泉に到着

小諸〜車坂峠間、夢の平線小諸〜蓼科牧場間、白樺湖線長久保〜白樺湖間、霧ケ峰線下諏訪〜霧ケ峰間など、長野県の避暑地での開業が目立つ。群馬県では長野原から野反湖《のぞりこ》へ花敷《はなしき》線が延び、１９６６（昭和41）年には志賀草津高原線が長野原から渋峠を越えて長野県の湯田中《ゆだなか》へ乗り入れた。房総半島では、１９７０（昭和45）年に定期観光バス〈南房号〉の運行が開始された。またユニークなところでは、霞ケ浦線の支線の浮島線が浮島水泳場に乗り入れ、湖水浴客の利便を図った例もある。

　中部・北陸地方では、奥能登線で支線の延長が続き、門前線穴水〜総持寺《そうじじ》前間も開業。１９６５年には北陸鉄道との共同運行による定期観光バス〈おくのと号〉が登場している。また、電源開発ブームの中、天竜線が佐久間ダムに乗り入れ、１９５９（昭和34）年から遠州鉄道との相互乗り入れで浜松〜佐久間ダム間が開業している。１９６６年には金白南北線

国分線では桜島観光の利用者が急増

秋吉台を行く秋芳洞行きの
定期観光バス

がつながり、名古屋鉄道との相互乗り入れにより、名古屋〜金沢間の名金急行線が開業した。この名金急行線に乗務した車掌の佐藤良二氏は、「太平洋と日本海を桜で結ぶ」という夢を抱き、給料のほとんどを注ぎ込んで、名金線沿線に桜の苗を植え続けた。1977（昭和52）年に47歳の若さで佐藤氏は他界するが、植樹された約2000本の桜は、いまもその花を咲かせ続けている。

近畿地方では、南紀で熊野線の本線が請川から川湯温泉へ、支線の白浜線が田鶴口から白浜湯崎温泉へ乗り入れた。また小浜では、1966年に定期観光バス〈若狭国宝めぐり〉の季節運行（3〜11月）がスタートしている。

中国地方では、1963（昭和38）年に周防大島周遊の定期観光バス、翌年には岩益線錦町〜寂地橋《じゃくちばし》間の定期観光バスを運行開始。秋吉線では厚狭《あさ》〜秋芳洞《あきよしどう》間など支線の開設が相次ぎ、1965年には防府〜秋芳洞間の定期観光バスが設定された。このほか、大田線は三次から直通で三瓶《さんべ》温泉へ、美伯線は全便が三朝《みささ》温泉へ、また志学北《しがくほく》線は志学温泉へと乗り入れている。

九州地方では、坂ノ市《さかのいち》線が坂ノ市海水浴場に、北薩線が藺牟田《いむた》温泉に乗り入れた。

◇

１９６０年代後半から〝カニ族〟とよばれる若者旅行者が各地の観光地に急増。１９７０年に国鉄が「ディスカバージャパン」の観光キャンペーンをスタートすると、幅広い世代が個人旅行を楽しむようになった。シーズン中の観光路線には多くの利用者が集中し、各地で車両不足や要員不足に悩まされた。たとえば、国鉄七尾線穴水駅前では、列車が到着するたびに奥能登観光の旅行者がバスに殺到。乗り切れない乗客が駅前の穴水自動車営業所に押し寄せ、臨時便を出すよう訴えたという。

そこで、鉄道と直結した収益性の高い観光路線には、その年度の新車を全面的に投入する方法が採用された。具体的には、日勝線、十和田北・十和田南線、陸中海岸線、塩原線、南房州線、白樺高原線、志賀草津高原線、奥能登線、若江線、防長線、秋吉線、松山高知急行線、桜島線に、春から秋のピーク時に5形（大型）・6形（中長距離タイプ）の新車をまず配置。観光シーズンが終わった後、本来の配置営業所に転属させるというものだ。都市部の通勤通学路線で長年使用した車両が、地方の観光路線で余生を送る例が多い現在のＪＲバスと比べると、まさに隔世の感がある。

〝バス黄金期〟だった1950〜1960年代

1960年代に入っても、毛細血管的な支線の延長は続いていた。北海道地方では空知地区や十勝地区、東北地方では福島県内など、関東・信越地方では茨城県内などで路線が延びている。中国地方では陰陽連絡路線沿線、四国地方では香川県内などで支線が開設されている。

その結果、1950（昭和25）年度にバス1696台、営業キロ5889km、輸送人員6963万7000人だった旅客輸送実績は、1959（昭和34）年度にはバス2019台、営業キロ1万2855km、輸送人員2億2067万1000人、1969（昭和44）年度にはバス2839台、営業キロ1万1888・2km、輸送人員2億8746万8000人と推移しており、第4章でふれる高速バスの開業もあって、この20年間はまさに〝バス黄金期〟といえるであろう。

一方、貨物輸送実績は、1950年のトラック2470台、輸送トン数158万544tから、1969年のトラック3554台、輸送トン数18万8351tへと、その規模が大幅に縮小されていることがわかる。1970年代に入るまで貨物輸送を継続していた路線は、東北で下北線、十和田南線、軽米線、二戸線、小鳥谷線、平館線、沼宮内線、陸中海岸線、岩泉線、遠野線、胆江線、両磐線、古川線、角田線、相馬海岸線と多いものの、関東・信越では常野線、三条線、和田

旅客輸送成績の推移（昭和25年度～昭和34年度）

種別／年度	営業便走行キロ（千キロ）	指数	輸送人員（千人）	指数	輸送人キロ（千人キロ）	指数	収入（千円）	指数	旅客車キロ当り収入（円、銭）
昭和25	34,841	100	69,637	100	648,382	100	1,542,906	100	44.28
26	43,228	124	90,877	131	835,251	129	2,157,762	140	49.92
27	51,050	147	104,645	150	973,650	150	2,764,714	179	54.16
28	55,706	160	124,208	178	1,145,178	177	3,184,127	206	57.16
29	60,899	175	144,381	207	1,303,622	201	3,552,650	230	58.34
30	66,003	189/100	161,387	232/100	1,431,023	221/100	3,841,519	249/100	58.20
31	72,363	203/110	180,331	259/112	1,577,140	243/110	4,210,340	273/110	58.18
32	78,526	225/119	199,139	286/123	1,727,726	266/121	4,756,285	308/124	60.57
33	82,008	235/124	206,122	296/128	1,786,153	275/125	5,267,902	341/137	64.24
34	85,593	246/130	220,671	317/137	1,890,972	292/132	5,674,594	368/148	66.30

貨物輸送成績の推移（昭和25年度～昭和34年度）

種別／年度	営業便走行キロ（千キロ）	指数	輸送トン数（トン）	指数	輸送トンキロ（トンキロ）	指数	協同輸送 貨車代行（千個）	指数	協同輸送 荷電代行（千個）	指数	収入（千円）	指数	車キロ当り収入（円、銭）
昭和25	18,206	100	1,580,544	100	29,833,279	100	6,250	100	11,247	100	794,074	100	43.62
26	15,709	86	1,301,878	82	24,157,092	81	7,217	115	11,968	106	890,208	112	56.67
27	13,430	74	905,285	57	17,433,603	58	9,896	158	10.804	96	842,024	106	62.70
28	13,772	76	823,795	52	15,352,325	51	13,390	214	11,412	101	889,417	112	64.58
29	12,743	70	695,317	44	11,710,667	39	15,242	244	11,130	99	821,362	103	64.46
30	13,269	73/100	662,384	42/100	11,209,555	38/100	17,828	285/100	12,339	110/100	843,951	106/100	63.60
31	13,537	74/102	508,588	32/77	10,361,430	35/92	21,594	346/121	14,172	126/115	885,795	112/105	65.44
32	13,637	75/103	441,956	28/67	8,717,806	29/78	18,964	303/106	15,573	138/126	859,082	108/102	63.00
33	14,189	78/107	382,002	24/58	7,989,622	27/71	18,454	295/104	16,865	150/137	870,261	110/103	61.33
34	14,792	81/111	424,268	27/64	9,061,049	30/81	18,746	300/105	19,684	175/160	930,394	117/110	62.90

峠北線、高遠線、諏訪線、中部・北陸では奥能登線、九州では高千穂線、日肥線だけだった。

　１９６９年度、国鉄自動車の全体の営業キロは１万６４８６㎞とピークを迎えた。しかし前述のように、１９６０年代の新規開業のうち、多くの人がその名を知るような町を結び、ある程度の距離を走る路線は、鉄道代行路線、都市間直結路線、観光路線に限られていたといってよい。そして１９７０年代以降、不採算路線の削減を中心とした合理化が進められることになる。

　過疎化とマイカーの普及が進むに

旅客輸送成績の推移（一般路線）（昭和35年度～昭和44年度）

種別＼年度	営業便走行キロ（千キロ）	指数	輸送人員（千人）	指数	輸送人キロ（千人キロ）	指数	収入（千円）	指数	旅客車キロ当り収入（円、銭）
昭和35	88,250	100	239,271	100	2,051,779	100	6,078,251	100	68.88
36	91,850	104	258,254	108	2,234,997	109	6,747,695	111	73.46
37	96,306	109	277,789	116	2,410,345	117	7,454,057	123	77.40
38	103,744	118	291,470	122	2,520,291	123	8,807,381	145	84.90
39	108,154	123	305,617	128	2,617,646	128	9,247,742	152	85.51
40	110,584	125	307,734	129	2,676,632	130	10,268,612	169	92.86
41	112,003	127	300,966	126	2,674,251	130	11,828,970	195	105.61
42	114,287	130	296,791	124	2,761,231	135	12,483,327	205	109.23
43	115,245	131	294,420	123	2,810,543	137	12,767,767	210	110.79
44	112,418	127	285,554	119	2,750,247	134	13,773,482	227	122.52

旅客輸送成績の推移（高速線）（昭和35年度～昭和44年度）

種別＼年度	営業便走行キロ（千キロ）	指数	輸送人員（千人）	指数	輸送人キロ（千人キロ）	指数	収入（千円）	指数	旅客車キロ当り収入（円、銭）
昭和35	—	—	—	—	—	—	—	—	—
36	—	—	—	—	—	—	—	—	—
37	—	—	—	—	—	—	—	—	—
38	—	—	—	—	—	—	—	—	—
39	2,251	100	250	100	38,071	100	113,448	100	50.40
40	4,619	205	620	248	91,621	241	276,624	244	59.89
41	4,638	206	644	258	93,388	245	339,857	300	73.28
42	4,522	201	526	210	68,591	180	291,820	257	54.53
43	4,632	204	576	230	75,308	198	311,698	275	67.29
44	15,011	667	1,914	766	401,528	1,055	1,675,747	1,477	111.63

貨物輸送成績の推移（昭和35年度～昭和44年度）

種別＼年度	営業便走行キロ（千キロ）	指数	輸送トン数（トン）	指数	輸送トンキロ（トンキロ）	指数	貨車代行（千個）	指数	荷電代行（千個）	指数	収入（千円）	指数	車キロ当り収入（円、銭）
昭和35	15,038	100	409,635	100	8,620,531	100	19,626	100	23,335	100	994,195	100	66.11
36	15,308	102	404,291	99	9,738,325	113	20,309	103	27,133	116	1,253,129	126	81.86
37	15,196	101	363,425	89	8,361,985	97	19,641	100	30,315	130	1,283,392	129	84.46
38	15,286	102	344,181	84	8,000,775	93	17,548	89	33,767	145	1,301,693	131	85.16
39	14,776	98	278,796	68	6,264,369	73	16,687	85	35,275	151	1,256,069	126	85.01
40	11,619	77	203,433	50	4,964,331	58	6,425	33	35,821	154	996,010	100	85.72
41	8,954	60	191,522	47	4,622,133	54	—	—	31,890	137	911,086	92	101.75
42	8,595	57	180,770	44	4,777,445	55	—	—	33,202	142	925,783	93	107.71
43	8,419	56	200,652	49	4,086,508	47	—	—	35,351	151	1,010,350	102	120.01
44	7,661	51	188,351	46	3,153,766	37	—	—	35,003	150	1,021,339	103	133.32

つれ、毛細血管的な生活路線はもちろん、鉄道代行路線でさえ、利用者が漸減していく。観光客の足がマイカーやレンタカーとなり、旅のニーズが多様化したことで、定期観光バスを含む観光路線も衰退が続く。半面、高速道路の延伸に伴い、都市間直結路線の多くが高速道路に乗せ替えられ、大きく成長していく。国鉄自動車創業以来の使命「代行」「先行」「短絡」「培養」に、1950年代に加わった5つめの使命「補完」。これが、その後の国鉄自動車の収益の柱となり、今日のJRバスを支えていることは、たいへん興味深い。

成熟する1950～1960年代の国鉄バス車両

1953（昭和28）年、従来のボンネットバスに代わって箱形ボディが採用され、リヤエンジンバス（エンジンを最後部の床下に搭載したもの。現在のほとんどのバスがこの構造）やセンターアンダーフロアエンジンバス（エンジンをホイールベース間の床下に搭載したもの）が活躍を開始。その大きな収容力で、急増する輸送需要に対応した。

1955（昭和30）年を過ぎると、国鉄バスの標準型ともいえるスタイルが確立されていく。性能や機能の向上の研究が続けられる中で、国鉄バスが次第に成熟していくことになる。1957（昭和32）年には、鉄道技術研究所と民生ディーゼル工業の共同開発による国産エアサス（空

三菱R480型リヤエンジンバスを改造したアンヒビアンバス（左）

気ばね）バス第1号車が誕生し、新居町《あらいまち》自動車営業所に配置された。エアサス車は1959（昭和34）年から本格的に採用される。さらに1960年代に入ると、乗降性を向上させるため扉を2カ所に設けた「二扉バス」や幅920㎜の引戸を採用した「広幅扉バス」、フロントガラスを大きくして運転席の有効視界を広げた「視野拡大バス」、前輪を2軸とした全長約12mのボディに97人を収容できる「大量輸送バス」など、さまざまな機能向上が試みられた。

1966（昭和41）年から一般路線のワンマン化が進められ、より良いワンマン装備の確立に努力が続けられる。さらに、北海道向けにはエンジンとは別に温気暖房装置を搭載したり、海岸線向けには床下に防錆《ぼうせい》塗料を塗布したりと、地域特性に合わせた改善も行われた。閑散線区の経営合理化と旅客サービスの向上を目指して研究されたアンヒビアンバス（軌道と道路の両用バス）は、実用化にこそ至らなかったものの、今日のＤＭＶ（デュアル・モード・ビークル）の先駆け的存在として、特筆に値しよう。

１９６７（昭和42）年には初めて貸切観光バスが投入された。またこれに先立ち、名神高速線・東名高速線用として高速バスが開発されているが、高速バスについては第4章で解説する。

◇

では、１９５０～１９６０年代の特徴的な国鉄バス車両をいくつか紹介していく。

●日野ＢＤ30型センターアンダーフロアエンジンバス

センターアンダーフロアエンジンバスは、日野が独自に開発したもの。前・後輪間の床下にエンジンを吊り下げることで、室内の床面積が最大限に利用でき、定員増を図ることができる。国鉄バスでは１９５３年に、出力１１０馬力、全長９・６ｍのＢＤ30型を採用した。

●三菱Ｒ４６０型リヤエンジンバス

関門急行線用として製造された車両で、ターボつき１８５馬力エンジンを搭載。全長は11ｍを超え、１９５８（昭和33）年当時としては国内最大だった。パワーステアリング、エアブレーキ、3段リクライニングシートなどを装備し、最高時速96㎞以上の性能を有した。

●いすゞＢＬ１７１型小型ワンマンバス

一般路線のワンマン化に先駆け、1961（昭和36）年に松山～高知間の急行便に導入された小型ワンマンバスである。前・後輪間にある扉は、運転士がリンク式開閉装置で遠隔操作。テープレコーダーによる沿線ガイドを行い、運賃は三角表にもとづいて収受していた。

●三菱MR430型大量輸送バス

1964（昭和39）年に採用された通勤・通学輸送用車両。前輪が2軸で全長は12m、定員97名という大型車である。ちなみに、当時の標準車である三菱MR470型は、全長10・7m、定員84名であった。

日野BD30型センターアンダーフロアエンジンバス

関門急行線に投入された三菱R460型リアエンジンバス

●日産ディーゼル6RA110型貸切バス

国鉄では従来、貸切営業に路線バスの予備車を使用してきたが、サービス改善を図るため、1967年、貸し切りを主目的にした車両が投入された。リクライニングシート、冷房装置、床下トランクを備え、前面の行き先表示幕を廃止して視界の拡大が図られている。4メーカーの車両が採用され、6RA110型は日産ディーゼル独自の2サイクルエンジンを搭載していた。

◇

1950年代以降、国鉄バスの一般路線車と貸切車は、主に国内のディーゼル4メーカーから購入していた。このうち、いすゞはほぼ全国に配置されていたが、三菱は近畿、中国、四国、九州、日野は北海道、東北、関東、中部、北陸、日産ディーゼルは東北（秋田・山形）、信越、中部にのみ配置されていた。分割民営化後も、当初はこれに準じた車種を選ぶ会社が多かったが、その後、一般路線そのものの縮小が進んだこともあり、現在の車種構成は大きく異なっている。

松山～高知間でワンマン運行された
いすゞBL171型

通勤・通学の大量輸送を担った三菱MR430型

貸切バス用として投入された
日産ディーゼル6RA110型

【ルポ】〈みずうみ号〉（ＪＲバス東北）１９７０（昭和45）年運行開始

「東北新幹線新青森延長で十和田はいま？」

〈みずうみ号〉の走る十和田北線は、東北地方初の国鉄バスとして１９３４（昭和９）年に開業。観光開発を目的とした培養路線で、屋根を途中から高くしたユニークな車両が使用された。１９６０年代には多くの観光客で賑わい、バス指定券が導入された１９７０年に〈みずうみ号〉の名がつく。というのも、バス指定券をマルスに収録するには、バスに名称が必要だったからだ。

その後、国内観光地全体の落ち込みに埋もれた感があったが、２０１０（平成22）年に東北新幹線が全線開業。翌年の〈はやぶさ〉運行開始に合わせ、〃はやぶさカラー〃の新車が投入された。ある意味〃旬〃な〈みずうみ号〉で、初秋の十和田を旅してみる。

◇

東北新幹線の全線開業と同時に、青森駅前には新しいバスプールが完成し、「青森市観光交流情報センター」がオープン。センター内のＪＲバス案内所で時刻表と沿線ガイドをもらい、自動券売機で乗車券を購入する。バス指定券は、始発地と子ノ口《ねのくち》から乗車する際、全国の「みどりの窓口」などで乗車券を事前購入すると、無料で交付される。選択した便に限って着席を保証するもので、席番を指定するものではない。シーズン中はその売れ行きを見ながら、続行便を手配しているのだ。もちろん、空席があれば指定券がなくても座ることができ、シーズンオフの場合、満席で乗車できないなどということはまずない。

雨上がりの青森駅前は、9月の末にしては暖かな朝を迎えていた。ピカピカのバスプールの11番乗り場から、9時ちょうど発の〈みずうみ4号〉に乗車。リュックサックを背負った熟年紳士や仲むつまじい中年夫婦など数人が、リクライニングシートを埋めている。観光路線である〈みずうみ号〉には国鉄時代から、6形とよばれる中長距離・観光タイプの車両が使用されている。

繁華街を抜け、国道7号を西へ向かう車内に、青森市についてのガイドが流れる。青森のねぶたと弘前のねぷたの違いなど、レンタカーでは得られない雑学が身につき、旅の彩りが豊かになる。東北新幹線新青森駅に寄り、全面ガラス張りの駅舎を見上げながら、9時20分まで待機。仙台始発の〈はやて95号〉に接続するダイヤだけれど、乗換客がないままに発車した。

三内丸山《さんないまるやま》遺跡の説明を聞きながら、青森自動車道に沿って東に戻り、国道１０３号へ右折。緑に覆われた上り坂が、次第に勾配を増していく。〈みずうみ号〉のたどるコースは、

酸ケ湯名物「ヒバ千人風呂」は昔ながらの男女混浴

八甲田《はっこうだ》の山岳美、奥入瀬《おいらせ》の渓谷美、十和田湖の湖水美が楽しめ、数ある十和田観光ルートの中で最も美しいという解説を聞く。右に左にカーブを繰り返して高度を上げると、明るい緑の牧草地が開けた。標高540mの萱野高原だ。甘味処の萱野茶屋に停車し、10分間のトイレ休憩。1杯飲んで3年、2杯で6年、3杯飲んだら死ぬまで生きられる？　名物「長生きの茶」のふるまいを受けた。

◇

10時過ぎに発車すると、前方に八甲田山が近づき、雪中行軍の説明が流れる。猛吹雪の中、兵隊たちが次々に倒れていく映画『八甲田山』のシーンが蘇り、なんだか少し寒くなる。八甲田ロープウェイ駅前で熟年紳士など2人が降り、代わりにバックパッカーの若者が乗り込んだ。

10時28分、標高925mの酸ケ湯温泉に到着。途中下車して、『八甲田山』で冷やされた身体を温めていくことにする。総ヒバ造り160畳の「ヒバ千人風呂」は、昔ながらの男女混浴。やや先輩の女性2人組が浸かる浴槽に、遠慮しつつ沈めば、こんこんとあふれる白濁の硫黄泉が、身体を芯から癒やしてくれる。今度は汗が止まらなくなり、缶ビールをゴクゴクいきながら、表のベンチに座って涼んだ。古い湯治棟《とうじとう》の窓に、タオルが掛けられている。こんなところに何泊もして湯浴《ゆあ》みを続ければ、心身の万病が治るのでは……。ほろ酔い気分のせいもあり、ついつい腰が重くなる。が、ほどなく〝はやぶさカラー〟の新車が現れ、引き寄せられるように乗車した。

酸ケ湯温泉11時21分発の〈みずうみ6号〉は、新青森で東京発の〈はやぶさ1号〉を受けており、先ほどより乗客が多かった。バスはさらに高度を上げ、標高１０４０ｍの傘松《かさまつ》峠を越えて、秋田県十和田市に入る。無数の沼が点在する湿原地帯が広がり、低木の葉が赤や黄に色づいていて、とても美しい。秋の訪れが最も早いこのあたりは、冬もまたひときわ長く厳しい。国道１０３号は通行止めとなり、〈みずうみ号〉はその間、県道を東へ大きく迂回して運行されるのだ。

ブナの原生林の中を少しずつ下っていき、標高４７０ｍの蔦《つた》温泉には12時前に到着。2度目のトイレ休憩が5分間とられた。深い森を背にして、ひっそりとたたずむ蔦温泉本館は、大正時代に建築されたもの。ブナで造られた木の香漂う湯船を、無色透明のナトリウム泉が満たしているはずだ。もう一度、途中下車して浸かりたい……。けれどもう、この旅の持ち時間はなかった。前庭の木々が、鮮やかに色づき始めている。ここでもまた、秋は着実に深まりつつあった。

◇

蔦川に沿って下った後、国道をそれて十和田湖温泉郷入口へ。ここから国道１０２号に入り、今度は奥入瀬川沿いに上っていく。石ケ戸《いしげど》バス停から先が、奥入瀬渓流とよばれる区間だ。

バスは流れにピタリ寄り添って走る。観光タイプの6形のアイポイントは高く、現れる早瀬や奇岩、大小の滝など、すべてを放送でガイドしてくれるから、バスに乗ったままでも十分に楽しめる。また、バス停は1～2kmおきにあり、八戸駅からの十和田東線〈おいらせ号〉が加わったバスは30分から1時間に1本来るので、気に入った場所で降りて歩き、疲れたらまたバスに乗るなんていう楽しみ方もできる。実際、そんな使い方をしている人は多く、各バス停で乗降があった。渓流と〈みずうみ号〉〈おいらせ号〉が一体となったネイチャーアクティビティみたいだった。

標高400mに広がる十和田湖の湖面に突き当たると、子ノ口に停車する。ロッジ風の駅舎が建つ、いまでは貴重なバス駅だ。ジャパンレールパスを持った外国人グループが乗り込み、運転士が一人ひとりの券番をメモしていた。どこか北海道的な湖岸の開拓集落を車窓に眺め、13時前に終点の十和田湖駅に着いた。ここもまたバス駅として残るが、広い構内にかつていた大館行きや十和田南行きの姿はない。観光客の流れが完全に新幹線中心に変わったことを物語っていた。

【ルポ】特急〈はぎ号〉（中国ＪＲバス）1975（昭和50）年運行開始

「いまでは貴重な一般道経由の都市間路線」

1931（昭和6）年、岡多線に続く2番目の国鉄バスとして三山線三田尻～山口間が開業。2年後に山口～東萩間が開通すると、萩往還をたどるこの2つの路線を合わせ、防長線と改称された。1971（昭和

46）年には防府～東萩間に特急便を設定。山陽新幹線が博多まで延長された1975年、これを小郡（現・新山口）で新幹線に接続させ、バス指定券を導入して〈はぎ号〉と名づけた。相次ぐ高速道路の開通で、他の陰陽連絡路線が高速バスとなったいま、唯一、一般道経由で陰陽を結び続ける〈はぎ号〉の車窓を楽しんでみよう。

◇

朝10時前、新山口駅新幹線口の駐車場に、中国ＪＲバスと防長交通の〈はぎ号〉が仲良く並んで待機していた。〈はぎ号〉の開業にあたっては、小郡を路線エリアとしていた防長交通と協議し、共同運行の形をとった。このとき、国鉄バスが防府～山口～東萩間の観光特急便を小郡～山口～東萩間に変更して〈はぎ号〉としたのに対し、防長交通は小郡～大田中央～東萩間の既存路線に特急便を設定して〈はぎ号〉としている。このため、同じ名前の特急バスを共同運行しながら、途中の経路が大きく異なるという、全国的に見てもとても珍しい路線になった。現在も開業時と同じ経路で、ＪＲバスが

1日6往復、防長交通が下り6本・上り8本の特急〈はぎ号〉をそれぞれ運行している。

駅舎内のJRバス案内所で、乗車券を購入。新山口駅〜萩バスセンター・東萩駅間の切符に限り、JRバス・防長交通のどちらにも乗車できる。バス指定券は、いまは廃止されている。10時05分にまず、防長交通特急〈はぎ号〉の観光型バスが発車。続いて20分に、普通便の東萩駅行き中型ワンステップバス（乗降口のステップが1段のバス）が出ていく。防長交通の普通便は下り10本・上り8本あり、同社の〈はぎ号〉の本数を上回る。沿線人口がある程度あり、途中で乗降する利用者も多いことがわかる。

南向きの1番乗り場には、残暑の陽射しがじりじりと照りつける。10時30分発の中国JRバス〈はぎ号〉、観光タイプの6形に乗り込むと、冷房の効いた車内の涼しさに生き返った。乗客は私1人。新山口10時14分着の品川始発〈のぞみ99号〉に接続しているのだが、数人の乗換客は先ほどの防長普通便に間に合った。防長路線はJR路線より距離が短いため、〈はぎ号〉の所要時間は20分短く、普通便でもJR〈はぎ号〉とほぼ同じ。常連客はそれを知っているのだろう。

◇

新幹線と山陽本線をくぐり、山口線の踏切を渡って、小郡の市街地へ。小郡市街〜山口市街の輸送は防長交通が担っており、JR〈はぎ号〉は湯田温泉までノンストップで走る。4車線の国道9号に出てすぐ、左手に県道28号線が分かれ、道路標識が「萩は左」と示している。ここを左折する防長〈はぎ号〉と普通便のほうが近道だという証拠だ。中国自動車道をくぐり、山口線の線路としばらく並走して、側道から右手の旧道へ。山口宇部空港行きのJRリムジンバスとすれ違う。新幹線のライバルである空路へのアクセスも、い

石州瓦の明木集落。ローカル便は集落内の旧道を走る

までは J R バスの仕事になっていた。

商業地の中にビルが増えてきたと思ったら、それは近代的な温泉ホテルで、10時55分、湯田温泉通に停車。若いカップルがひと組乗り込んだ。最近は車を持たない若者が多いようで、こうした利用者の増加は、バスにとっては追い風といえよう。

ＮＴＴ山口前を通過した後、右折して山口駅前まで往復する。東萩駅から各駅停車でやってきた、ＪＲバス防長線の５形ワンステップバスがちょうど到着した。山口駅～東萩駅間には１日５往復の普通便が運行されている。山口県庁に寄って国道９号に戻ると、今度は〈はぎ号〉の上り便とすれ違う。前部を中心に座席はだいぶ埋まっていたから、時間帯によって乗客数にかなりバラツキがあるのかもしれない。

前方に緑の山肌がせまり、にわかに上り坂となって、カーブが連続する。短いトンネルをいくつか抜けたところで、国道２６２号へ。分水嶺《ぶんすいれい》を越えて萩市となり、なだらかな下り坂が続く。稲穂が色づき始めた豊かな水田の中に、立派な構えの農家が点在する。赤褐色に輝く石州《せきしゅう》瓦《がわら》がとても印象的だ。坂を下り切ると大きな集落が広がり、佐々並《ささなみ》のバス停に停車。小さな待合室が竹ぼうきで掃き清められている。土地の人たちがバスを大切にしてくれているのが嬉しい。

佐々並川を渡ると、再び上り坂となり、低い峠をひとつ越える。左手に県道が近づき、防長路線と合流すると、明木《あきらぎ》の集落が見えた。JRバスも防長交通も、〈はぎ号〉は国道上のバス停に停まるけれど、普通便は石州瓦の屋根が寄り添う集落の中に入っていく。またこの先、〈はぎ号〉は県道で短絡するけれど、普通便は国道をそのまま直進し、阿武川《あぶがわ》の流れに寄り添う。両社の特急便と普通便それぞれを乗り比べ、4通りの車窓を楽しんでみたい気持ちに駆られた。

鹿背《かせ》トンネルを抜けると、前方に広がった萩の町並みへ急降下。山陰本線の線路をまたぎ、橋本川を渡って、市街地にある防長交通萩バスセンターに寄る。萩往還の起点となる場所で、復元された札場《ふだば》がちらりと見えた。松本川を越えて12時02分、終点の東萩駅に到着する。若いカップルは終点まで乗り通し、市内の見どころをめぐる「萩循環まぁーるバス」の乗り場に立った。

1950年代の新規開業路線

エリア	路線名	区　間	営業キロ	開業年月	備　考
北海道	野深線	荻伏市街～上野深	14	1950/9	日勝線の支線
	朗根内線	美瑛～朗根内～俵真布	18	1950/12	美瑛線の支線
	宇莫別線	下宇～俵真布	17	1950/12	美瑛線の支線
	恵庭線	広島市街～恵庭	17	1951/6	長広線の支線
	古山線	長松寺前～古山	不明	1950/9	長広線の支線
	杵臼線	日高幌別～杵臼	8	1951/9	日勝線の支線
	三川線	千歳橋～三川	20	1951/12	長広線の支線
	厚岸線	浜厚岸駅前～大田	11	1951/12	厚岸自動車区開設
	旭川線	旭川～和寒	37	1952/10	
	釧根線	標茶～西別	67	1953/2	
	旭浜線	大樹～旭浜	15	1953/7	南十勝線の支線
	五稜線	美瑛～五稜	10	1953/10	美瑛線の支線
	南幌向線	行幸橋～幌向市街	11	1953/11	長広線の支線 後に延長され南幌線に
	豊頃線	駒畠～池田	42	1953/11	南十勝線の支線
	栗沢線	上幌向～栗沢	9	1955/5	空知線の支線
	生花線	虫類～生花	18	1955/8	南十勝線の支線
	伊達線	豊浦～稀府	31	1955/9	羊蹄線の支線
	壮瞥線	網代町～壮瞥	13	1955/9	羊蹄線の支線
	東台線	協力街道～東台学校前	不明	1955/11	南十勝線の支線
	芽室線	記念碑前～芽室	13	1956/2	十勝線の支線
	登川線	本安平～登川	33	1956/10	長広線の支線
	喜門別線	網代町～喜門別	10	1957/3	羊蹄線の支線
	礼文線	幸町～礼文	15	1957/5	羊蹄線の支線
	山梨線	美和～下山梨	6	1957/5	羊蹄線の支線
	当別線	月形市街～石狩川大橋	33	1958/12	石狩線の支線
	戸蔦線	十勝清川～中大平～戸蔦	12	1958/12	南十勝線の支線
	北新線	北幌橋～幌向	10	1959/7	岩見沢線の支線
東北	大洞線	岩手八日町～上有住	12	1950/10	遠野線の支線
	石棚線	磐城逆川～石川新町	16	1951/3	磐城線の支線 後に延長され磐城南線に
	小国線	小国～荒沢	不明	1951/4	
	八久線	八戸～菱倉	59	1951/11	
	小斉線	東町～金山町	11	1951/12	白中線の支線
	一ノ関本線	一ノ関～前沢	28	1952/2	
	摺沢線	母体～摺沢	21	1952/2	一ノ関線の支線
	大堀線	浪江～磐城大堀	8	1952/3	福浪線の支線
	二本松線	磐城津島～二本松	40	1952/5	福浪線の支線
	鮫川線	棚倉古町～赤坂中野	14	1952/6	磐城線の支線
	寺坂線	大湯温泉～陸中花輪	14	1952/7	十和田南線の支線
	磐城北線	石川新町～小野新町	31	1952/7	磐城線の支線
	八軽線	尻内～軽米ほか	70	1952/4	
	両磐線	一ノ関～千厩	41	1952/9	
	秋南線※	羽後本荘～西久米ほか	90	1952/9	
	夏井線	陸中夏井～陸中川代	10	1953/7	二戸線の支線
	安家線	陸中白山～岩泉三本松	50	1953/9	
	安部城線	川内町～安部城	7	1953/10	下北線の支線
	坂元線	三月殿～坂元	13	1954/4	白中線の支線
	城内線	種市～城内	8	1954/8	八久線の支線
	釜の子線	磐城金山～里白石駅前	15	1954/8	磐城線の支線

東北	築館線	築館町～石越	15	1954/12	古川線の支線
	船福線	伊達葭田～船引	41	1954/12	福浪線の支線
	金成線	金成～若柳仲町	11	1955/3	古川線の支線
	梁川線	丸森～梁川	22	1955/9	白中線の支線
	十和田東線	上田子～中滝	36	1955/11	
	島ノ越線	乙茂～島ノ越	20	1956/2	岩泉線の支線
	陸中小国線	陸中山形～陸中小国	14	1956/10	沼宮内線の支線
	山下線	日高神社前～笠野	14	1957/1	白中線の支線
	津内口線	久慈～津内口	10	1957/4	沼宮内線の支線
	白棚高速線	磐城棚倉～白河ほか	28	1957/4	後に白棚線に
	平庭高原本線	久慈～茶屋場	不明	1957/10	
	陸中海岸本線	久慈～沢廻	不明	1957/10	
	桶売線	小野新町～吉間田	21	1957/12	磐城線の支線
	旗巻線	磐城大内～青葉～黒木	11	1957/12	白中線の支線
	久慈海岸線	長内橋～大尻	不明	1953/10	沼宮内線の支線
	大更線	横田橋～大更駅	13	1959/2	沼宮内線の支線
	来内線	遠野～堤～平倉	12	1959/9	遠野線の支線
関東・信越	二川線	多古～成東	23	1950/10	多古線の支線 後に山武本線に
	板戸線	道場宿～板戸	4	1951/2	水都西線の支線
	小貝線	芳賀黒田～市塙	10	1951/2	常野線の支線
	道地線	祖母井～道地	6	1951/2	水都西線の支線
	山ノ内線	那珂川橋～山ノ内	4	1951/2	水都西線の支線
	南筑波線	土浦～古河	56	1951/2	霞ヶ浦線の支線
	北常陸本線	川尻海岸～常陸大子ほか	57	1951/6	
	常陸太田線	野口下宿～常陸太田	23	1951/7	水都西線の支線
	犀川線※	松本～長野ほか	202	1952/9	
	豊栄線	八日市場～豊栄～多古	11	1952/12	多古線の支線
	山ノ荘線	土浦～山ノ荘	13	1952/12	霞ヶ浦線の支線
	水福本線	堅倉～福原	不明	1953/9	後に延長され水戸南本線・柿岡本線に
	八ツ木線	刈沼～木内	不明	1953/9	水都西線の支線
	小松原線	高師原口～池原	13	1953/2	浜名線の支線
	馬頭線	馬頭田町～烏山仲町	12	1953/11	常野線の支線
	来目木線	馬頭～渡戸	8	1953/11	常野線の支線
	千曲線※	上田駅前～小海駅前	55	1953/12	後に旅客営業を開始
	浮島線	古渡～浮島	9	1954/1	霞ヶ浦線の支線
	君島線	舟島村役場前～君島～江戸崎	11	1954/2	霞ヶ浦線の支線
	桑島線	岡～下桑島	4	1954/7	水都西線の支線
	水都東線	水戸～御前山駅前	26	1955/1	
	白樺湖線	白樺湖～長窪古町	32	1955/3	和田峠北線（後に小諸線）の支線
	飯高線	匝瑳高等学校下～栗源	12	1955/3	多古線の支線
	三条線※	東三条～出雲崎町	38	1955/5	
	山武線	上総山室～東金	21	1955/11	多古線の支線 後に布田線に
	花敷線	長野原～野反湖	26	1955/12	吾妻線の支線
	高萩線	高萩～上君田	25	1956/2	北常陸線の支線
	友部線	常陸山崎～友部	29	1956/8	水福線の支線
	神崎線	本五辻～神崎渡船場	19	1956/11	多古線の支線
	芝山線	千代田～上総中台	11	1956/12	多古線の支線
	小諸本線	小諸～芦田	18	1957/3	
	久能線	三里塚～成田	8	1957/4	多古線の支線

注：※印は貨物営業のみの路線

関東・信越	浅間線	小諸～浅間山荘	13	1957/7	小諸線の支線
	東海線	水戸～原子力研究所前	17	1958/1	水都東線の支線
	涸沼線	下入野～涸沼	不明	1958/10	水福線の支線
	水戸西線	水戸～谷津～石塚上町ほか	不明	1959/1	水都東線の支線
中部・北陸	細谷線	二川～白須賀	8	1950/10	浜名線の支線
	太美山線	福光～越中吉見	9	1951/3	金白北線の支線
	白鷺線	美濃白鳥～牛道	7	1951/5	金白南線の支線
	安城線	上渡刈～安城	12	1951/5	岡多線の支線
	中馬本線	明知～上品野	32	1951/6	明知自動車区開設
	白山線	勝原口～鳩ヶ湯	14	1951/11	大野線の支線
	小屋線	能登鵜飼～能登小屋	6	1952/3	奥能登線の支線
	東山中線	正院～岡田	4	1952/3	奥能登線の支線
	恵那線	明知～中津川	37	1952/7	中馬線の支線
	西谷線	大野口～上秋生ほか	58	1952/9	大野線の支線
	石徹白線	朝日橋～檜峠	22	1952/9	大野線の支線
	浦上線	穴水～濁池	24	1952/9	奥能登線の支線
	鳳至線	能登瑞穂～能登宇出津	37	1952/9	奥能登線の支線
					後に延長され太田原線に
	恵南線	殿町～小渡ほか	52	1952/9	中馬線の支線
	揖斐線※	岐阜～八草峠	78	1952/9	徳山線の支線
	西天竜線	遠江横山～佐久間ほか	44	1953/1	天竜線の支線
	坂本線	中津川～美乃坂本	10	1953/10	中馬線の支線
	宝達線	森本～七尾	60	1955/3	金白北線の支線
	遠三線	宮口～三河大野	39	1955/12	天竜線の支線
	陶都線	志段味支所前～名古屋	17	1955/12	岡多線の支線
	神和住線	辺田の浜～中斎	13	1956/5	奥能登線の支線
	藤岡線	四郷～柿野	24	1956/4	岡多線の支線
	羽咋線	高松～羽咋	22	1957/6	金白北線の支線
	愛岐線	東谷橋～多治見	15	1958/7	
近畿	瀬田線	石倉橋～宮尻	不明	1950/5	近城線の支線
					後に延長され石山線に
	北川線	上竹原～上中ほか	18	1951/5	若江線の支線
	富里線	滝尻～打越	不明	1951/10	熊野線の支線
	敦賀線	塩津北口～敦賀	19	1951/10	若江線の支線
	九鬼線	岡崎野田～九鬼	20	1952/1	紀南線の支線
	大芋線	細工所～大朴	15	1952/1	園篠線の支線
	浅井線	近江山本～近江高山	23	1952/4	若江線の支線
	亀山線	亀山～本菰野ほか	39	1952/9	亀草線の支線
	上北山線	紀伊小坂～上北山	53	1952/9	紀南線の支線
	伊賀上野線	深川～上野	30	1953/3	亀草線の支線
	西脇線	篠山本町～西脇	35	1953/8	園篠線の支線
	浜大津線	近江今津～浜大津駅前	55	1956/5	若江線の支線
	加太線	関～柘植	16	1957/8	亀草線の支線
	川丈線	請川～新宮	37	1958/5	後に延長され五新線に
	東大阪線	吹田～八尾	27	1958/6	
中国	吉田線	平岩～吉田町	8	1950/8	雲芸線の支線
	岩田線	戸仲～岩田	6	1950/11	光線の支線
	室積線	室積～室積公園口	2	1950/11	光線の支線
	坂上線	岩国～小郷橋	34	1950/12	岩日線の支線
	秋中線	鮎谷～秋中	14	1950/12	岩日線の支線

中国	賀見畑線	下畑出合～周防片山	8	1950/12	岩日線の支線
	島田線	浅江町～島田	6	1951/4	光線の支線
	都賀線	八色石～都賀	不明	1951/5	川本線の支線
	長小野線	佐々並～長小野	10	1951/5	防長線の支線
	高尻線	上七日市～上高尻	不明	1951/5	岩日線の支線
	椛谷線	柿木～椛谷	9	1951/5	岩日線の支線
	君谷線	福原口～石見多田	18	1951/6	川本線の支線
	厚狭線	吉則～厚狭	20	1952/1	秋吉線の支線
	松江線	里熊橋～松江	32	1952/3	雲芸線の支線
	須佐線	増砂～出雲須佐駅前	16	1952/3	雲芸線の支線
	喜多平線	小郡～喜多平	24	1952/9	防長線の支線
	中野線	粟谷～出雲中野	7	1953/2	雲芸線の支線
	波多線	恩谷～反辺	19	1953/5	雲芸線の支線
	美和線	大朝～安芸美和	14	1953/9	広浜線の支線
	有福線	市山～波子ほか	25	1953/9	川本線の支線
					後に長谷線に
	市木線	上田所～石見市木	12	1953/9	川本線の支線
	三原線	因原～川戸	19	1953/11	川本線の支線
	志学線	志々別～出雲角井	15	1953/11	雲芸線の支線
					後に延長され三瓶東線に
	岩永線	岩永～丸山～上伊佐	6	1953/11	秋吉線の支線
	郷田線	樋ノ詰橋～郷田～西条	11	1954/2	西条線の支線
	粕淵線	石見川本～粕淵	16	1954/7	川本線の支線
	温泉津線	久座仁～温泉津	30	1954/10	川本線の支線
	梨羽線	八反田～梨羽	6	1955/5	防長線の支線
	日貫線	日貫～和田本郷	7	1955/6	川本線の支線
					後に延長され戸川線に
	厚保線	東豊田前～今山口～厚保本郷	14	1955/8	秋吉線の支線
	美伯線	津山～上井	79	1955/8	
	二万線	二万口～上二万	6	1956/4	両備線の支線
	来尾線	越木～福田屋原	6	1956/10	広浜線の支線
	志学北線	石見川合～志学温泉	13	1957/6	雲芸線の支線
					後に延長され三瓶線に
	宇都井線	都賀大橋～今西	9	1957/6	川本線の支線
	日和線	矢上～日貫	18	1957/6	川本線の支線
	日貫線	日貫～和田本郷ほか	10	1957/6	川本線の支線
	関門急行線	山口～博多	165	1958/3	
四国	新宮線	伊予金田～堂成	21	1950/5	川池線の支線
	興津線	仁井田～土佐興津	19	1950/5	窪川線の支線
	志和線	窪川～本堂	7	1950/5	窪川線の支線
	北岸線	楠目～東佐岡	4	1950/9	大栃線の支線
	池川線	土佐大崎～池川	不明	1950/10	予土南線の支線
	古畑線	富士見町～古畑	8	1950/10	予土南線の支線
	肱川線	鹿野川～神納	18	1950/12	南予線の支線
					後に延長され神納線に
	八釜線	落出～古味	15	1951/2	予土北線の支線
	八幡浜線	大洲本町～八幡浜港	21	1951/8	南予線の支線
	金砂線	中山口～奥の院	4	1951/11	川池線の支線
	長者線	上二淀～長者	8	1952/1	予土南線の支線
	阿波山手線	鍛冶屋原～西林	22	1952/4	阿波線の支線
	祖谷線	三縄～久保ほか	49	1952/9	川池線の支線

注：※印は貨物営業のみの路線

四国	三崎本線※	八幡浜～九町ほか	62	1952/9	
	三瓶線※	八幡浜～卯之町	44	1952/9	三崎線の支線
	桐見川線	越知～桐見川	11	1953/2	予土南線の支線
	面河線	御三戸～面河	26	1955/10	予土北線の支線
	荘内線	仁尾～生里	13	1956/4	西讃線の支線
	三本松線	御所～三本松	27	1956/7	阿波線の支線
	田処線	矢落橋～田処	14	1957/2	南予線の支線
	中筋線	蔵川～伊予中筋	12	1957/5	南予線の支線
	新居浜線	伊予三島～新居浜	28	1959/12	川池線の支線
九州	坂ノ市線	本幸崎～中判田	24	1950/11	佐賀関線の支線
	末吉線	高岡口～末吉	15	1950/12	都城線の支線
	波佐見線	嬉野～舞相	11	1951/10	嬉野線の支線
	福間線	福間～古賀病院	4	1952/7	直方線の支線
	百引線	牛根～百引	18	1952/11	国分線の支線
	椎葉線	村所～大河内	22	1952/11	日肥線の支線
	上野線	勘六橋～赤池	10	1952/11	直方線の支線
	高鍋線	山島津～高鍋	18	1953/12	日肥線の支線
	日向高崎線	野尻町～高崎新田	16	1954/4	宮林線の支線

1960年代の新規開業路線

エリア	路線名	区　間	営業キロ	開業年月	備　考
北海道	赤川線	岩見沢～青木入口	11	1961/11	岩見沢線の支線
	西士狩線	祥栄～光勇～元駅逓	12	1962/8	北十勝線の支線（新規でなく延長?）
	浜大樹線	浜大樹～美成	4.8	1964/6	南十勝線の支線
	尾岱沼線	矢臼別～尾岱沼	39.1	1965/10	釧根線の支線
	日勝高原線	帯広～日高町	91.1	1968/8	
	登満別線	小野幌～登満別	不明	不明	空知線の支線
	大願線	北村大願～岡山橋ほか	不明	不明	岩見沢線の支線
	月形線	新中小屋～峰延	不明	不明	岩見沢線の支線
	川上線	雨竜～暑寒ダム	不明	不明	石狩線の支線
	新田線	士幌市街～士幌高原	不明	不明	北十勝線の支線
	松沢線	祥栄～御影	不明	不明	北十勝線の支線
	勇幌線	勇足～熊沢	不明	不明	東十勝線の支線
	更別線	富士基線～更別	不明	不明	南十勝線の支線
	千代田線	美瑛～千代田ほか	不明	不明	美瑛線の支線
東北	岩代小浜線	柴切田～岩代樋ノ口	16	1960/12	
	田子線	上田子～清水頭	4	1961/9	（新規でなく延長?）
	大館線	十和田南～大館	27	1961/12	十和田南線の支線
	足沢線	川代口～福岡川代	3.4	1963/11	二戸線の支線（新規でなく延長?）
	女鹿線	上女鹿～女鹿新田	2.7	1965/12	二戸線の支線（新規でなく延長?）
	下屋敷線	陸中大渡～野原	15.3	1965/12	沼宮内線の支線（新規でなく延長?）
	早坂高原線	権現～大通二丁目	64.8	1967/8	
	高野線	宮下～東白農商前～棚倉古町	1.2	1968/3	磐城南線の支線
	仙台盛岡急行線	一ノ関～盛岡バスセンター	94.9	1968/8	
	大道口線	笹渡口～大道口	不明	不明	軽米線の支線
	一戸線	北福岡～岩手野中	不明	不明	二戸線の支線
	岩手登別線	滝沢～柳沢	不明	不明	沼宮内線の支線
	大仁田線	岩手小国～大仁田	不明	不明	遠野線の支線
	葛尾線	川房大柿～新館	不明	不明	福浪線の支線

東北	曲山線	葛尾～磐城曲山	不明	不明	福浪線の支線
	白萩平線	中滝～田子	不明	不明	十和田南線の支線
	川売線	横町～宇津川	不明	不明	磐城線の支線
		～小川駅前	不明	1960/4	水福線の支線
関東・信越	霧ヶ峰線	上諏訪清水町～霧ヶ峰	17	1960/12	諏訪線の支線
	浅間北線	農場口～車坂峠	14	1962/10	小諸線の支線
	羽鳥線	羽鳥～友部	16	1963/5	水福線の支線
	飯沼線	赤塚～飯沼	14	1963/8	水都東線の支線
	夢の平線	蓼科牧場～信濃赤谷	7.5	1964/6	小諸線の支線
	志賀草津高原本線	渋峠～湯田中	25.3	1966/6	
	東名高速線	東京～名古屋ほか	420.2	1969/6	
	八子ヶ峰線	信濃三本松～蓼科温泉ほか	不明	不明	小諸線の支線
	矢板南線	烏山仲町～矢板	不明	不明	常野線の支線
	田野辺線	祖母井～田野辺	不明	不明	水都西線の支線
	高萩南線	荒屋～下高倉	不明	不明	北常陸線の支線
	鈴蘭線	草津温泉～下梨木	不明	不明	志賀草津高原線の支線
	扉峠線	扉峠口～扉峠	不明	不明	和田峠南線の支線
中部・北陸	名古屋線	名古屋～刈谷	29	1961/5	
	那留線	四辻～美濃弥富	11	1962/10	金白南線の支線
	東天竜線	門原～天春橋	3.9	1963/4	天竜線の支線（新規でなく延長？）
	名神高速線	名古屋～神戸ほか	223.2	1964/10	
	門前線	穴水栄町～総持寺前	17.7	1966/10	奥能登線の支線
	名金急行線	美濃白鳥～名古屋	106.7	1966/12	
	蒲郡線	岡崎～竹の谷	不明	不明	浜名線の支線
	藤岡線	四郷～柿野	不明	不明	瀬戸南線の支線
	東天竜線	遠江谷山～大輪ほか	不明	不明	天竜線の支線
近畿	米原本線	木ノ本～米原	24	1961/5	
	杉津線	敦賀～新保ほか	10	1962/6	
	柳ヶ瀬線	疋田～敦賀	不明	1963/10	
	白浜線	田鶴口～白浜湯崎温泉	9.8	1965/6	熊野線の支線
	阪本線	五条～城戸	11.2	1965/7	
	柘植線	久我～加太	2.9	1966/7	亀草線の支線（新規でなく延長？）
中国	柳井線	柳井～岩国	35	1962/8	光線の支線
	江津線	川戸～石見江津	16.9	1968/4	川本線の支線
	瀬戸内西本線	周防錦橋～防府	69.6	1968/10	
	高窪線	三刀屋～水越前	不明	不明	雲芸線の支線
	中野線	三刀屋上町～湯舟谷	不明	不明	雲芸線の支線
	木田線	石見柳～木田	不明	不明	広浜線の支線
	柚根線	久佐郷口～柚根	不明	不明	広浜線の支線
	須金線	合ノ本～須金	不明	不明	岩益線の支線
	笹山線	石見福川～津和野役場前	不明	不明	岩益線の支線
	豊田前線	美祢市役所前～厚保本郷	不明	不明	秋吉線の支線
	馬野原線	馬野原口～石見高原	不明	不明	川本線の支線
四国	三豊線	観音寺～川之江	17	1960/1	西讃線の支線
	高松線	善通寺～鬼無～高松	32	1963/2	西讃線の支線
	五郷線	阿波佐野～黒淵	19.4	1964/4	西讃線の支線
	北四国急行線	高松～松山	159.4	1965/3	
	松山高知急行本線	松山～高知	154	1967/8	
	二箆線	古閑～二箆	8.3	1967/10	予土南線の支線
	伊予大村線	伊予日吉～伊予大村	不明	不明	南予線の支線

第4章

高速バス時代の到来

——名神・東名高速線の開業

高速バス事業への進出と「国鉄バス5原則」の確立

1957（昭和32）年に国土開発縦貫自動車道建設法が施行され、全国に7つの高速道路を建設することが閣議決定された。中でも東京〜神戸間は輸送の大動脈であり、最も建設が優先されるべきルートだった。ところが、東京〜名古屋間を東海道経由にするか、甲州街道・中山道経由にするかで議論となり、この区間の着工が遅れることとなった。このため先行して、名古屋〜神戸間にわが国初の高速自動車道、名神高速道路の建設が進められたのである。

開通が現実的なものとなった1961（昭和36）年4月、名神高速道路を利用したバス事業の免許申請が行われた。その結果、国鉄、日本急行バス、近畿日本鉄道、名神高速自動車、関西高速自動車など計13社の競願となり、そのままでは供給過剰となることが明らかだった。そこで運輸省は、予め免許方針を策定して臨むこととし、1963（昭和38）年6月、「高速自動車道におけるバス事業のあり方について」を発表した。その基本方針は、

①全国的な高速バス網を目的としたものとしては、現在申請中の日本急行バス（民営バス200社で設立）に国鉄も出資し、新日急バスを設立してこれに免許することが望ましい。

②各ブロック間（たとえば名神間）を主目的とする申請にあたっては、当該区間の関係バス会社

が協調し、合弁会社を設立してこれに免許を与え、その両社の公正競争を期待したい。というものだった。

一方、自動車輸送の発達と道路整備の画期的な進展に伴い、1962（昭和37）年、国鉄総裁の諮問機関として国鉄自動車問題調査会が発足。その第1回答申は、「国鉄バスの輸送分野としては、道路時代における国鉄の役割は、鉄道と自動車との補完的な機能結合による全国統一輸送網の形成を確立する必要がある。そのために、また、それに必要な限りにおいて、国鉄は幹線道路（高速自動車道路および国道等）上にバス路線を経営すべきである。具体的には、国鉄の鉄道線と並行道路上の路線およびこれとともに鉄道と組み合わせて幹線交通網の一環をなすべき路線（短絡線を含む）ならびに地域開発上必要とみられる路線である」という内容だった。

このため国鉄自動車問題調査会は、「高速道自動車道におけるバス事業のあり方」についても、単にバス事業のみの問題としてではなく、鉄道と自動車の有機的組み合わせによる陸上輸送網形成の問題としてとらえ、「公的資本（国鉄）」と「私鉄資本（民間）」が各々その特長を発揮し、併存することが必要かつ最善であるとの結論を発表した。また、そもそも国鉄の出資は、法令で認められていなかった。このため国鉄は、新日急バスへの出資の意思がないことを表明した。

こうした状況のまま名神高速道路の供用開始が近づいたため、1964（昭和39）年6月、運

5日間にわたって行われた運輸審議会の名神公聴会

輸審議会に対して13社の申請が諮問され、7月、5日間にわたる大公聴会が行われた。運輸審議会は公聴会の陳述をもとに審議を行い、9月、運輸大臣にあてて、「名神間を主目的とするものについては、国鉄と日本急行バスに免許するのが望ましい。ただし、日急は名神間の地元業者が主軸として参加し、会社の基盤を強化することが必要。名神高速自動車、近畿日本鉄道、関西高速自動車についても地元業者として参加させるのが望ましい」という答申を行った。

これに対して運輸大臣は、「名神間の高速バス事業は国鉄、日本急行バスおよびもう1社の民間会社に免許する。ただし日急バスは名鉄、京阪、阪急の3社を中心とする会社に改めてから免許する。もう1社の民間会社は近鉄、阪神、南海の3社で構成する。国鉄をはじめこれらの会社はこの線に沿って速やかに事業を推進されたい」という声明を発表した。

こうして1964年10月5日、ついに名神高速線が開業した。当初は国鉄バスと日本急行バス（現・名鉄観光バス）の2社で運行を開始し、翌年3月から日本高速自動車（現・名阪近鉄バス）が加わった。

なおこの間、国鉄自動車問題調査会の答申を受けた運輸省は、1963年、国鉄総裁あてに通達を行い、「一般道路上のバス事業についての鉄道に関連する自動車運送事業の範囲は、代行、先行、短絡、培養については従来どおり。補完については、鉄道（バス）輸送力が不足し、輸送力の増強が要請される場合、当該区間の沿道バス路線の運行に限る」とした。従来の4原則に「補完」を加え、5原則とすることを明らかにするものだった。

さらに1965（昭和40）年3月、衆議院運輸委員会の中で、名神高速道路上の国鉄バス事業を、名神間の鉄道輸送力を補完する意味において、鉄道と関連するものと認めるという運輸大臣答弁があり、名実ともに「国鉄バス5原則」が確立されることになった。

乗用車より速かった国鉄バスの名神高速線車両

高速道路で使用されるバスには、高速運行に十分耐え得る性能と高い安全性が必要となる。1

軽合金ボディを持つ高速バス試作第1号の日野RX10

950年代といえば、バスはもちろん乗用車でさえ、時速80kmを出すのが精いっぱいだった。しかし国鉄は1958(昭和33)年、単に高出力のエンジンを搭載し、室内をデラックスにするというものではなく、運行経費が少なく、居住性が良く、さらに安全度が高い実用的な高速バスの開発という、高い目標を各メーカーに課した。これに応えるための技術的な壁は厚く、エンジンや足まわりなどあらゆる部分で、従来のバスから大きく飛躍した新しい発想が求められた。

試作第1号は1961(昭和36)年、日野自動車が完成させた。直列6気筒・ターボつき230馬力のDK20T型エンジンを搭載するRX10だ。帝国自動車製の流線形の軽合金ボディは全長約11m。パワーステアリング、エアブレーキ、固定窓、直結式冷房装置(走行用エンジンによりコンプレッサーを駆動する冷房装置)など、あらゆる部分に新技術が取り入れられた。翌年には、同じボディに230馬力のDH10

0H型エンジンを搭載し、リターダブレーキ（オイルを利用した補助ブレーキ）を装備するいすゞBU20PA、上部開閉・下部固定式窓の富士重工製ボディに290馬力の8DB2型エンジンを搭載し、エキゾーストブレーキ（排気を利用した補助ブレーキ）を装備する三菱MAR820改が登場している。

これらの試作車により、さまざまな走行性能テストが行われた。加速性能、最高速度、制動力などの高速性能や燃料消費、タイヤ発熱、冷暖房能力、乗り心地や騒音のほか、流線形の車体が走行性能に及ぼす影響などもテストされ、実用化への構想が固められていった。

最高時速133㎞を記録した三菱MAR820改の担当エンジニアは、当時、テストをする場所の確保にも苦労したと語っている。神奈川県の国道134号の大磯付近に泊まり込み、人も車も一番少ない朝4時ごろに走らせたり、国鉄バス白棚線の自動車専用道路を借りて、営業運行のないときに走らせたりしたそうだ。部分的に完成した名神高速道路も、開通前にテストに使用したという。試作車は時速100㎞を超えるまでに3㎞ほど助走しなければならなかったから、当時の日本で時速100㎞を体験することは、容易なことではなかったのである。

テストで得られたデータをもとに、1963（昭和38）年に三菱MAR820改が5台、1964（昭和39）年には同じく三菱MAR820改が9台、日野RA120Pが3台製造された。

名神ハイウェイバスでは高速道路の本線上にもバス停が設置されるため、鋭い加速性能が必要になる。このため量産車では変速比が見直され、日野製はエンジンがターボなし320馬力のDS120型に変更され、より強い加速を実現した。また、居住性の向上を図るため、試作車の11列44席から10列40席に改められ、三菱製1台には試験的に日本初のバス用トイレが設置された。

名神ハイウェイバスが開業したころは、乗用車の性能もまだ高速道路に適したものではなく、高速走行に不慣れなドライバーが、オーバーヒートや燃料切れなどのトラブルを起こすありさまだった。そんな中、訓練を積んだ運転士が操る高性能な国鉄高速バスの走りはすばらしく、名神ハイウェイバスのハンドルを握った運転士たちは、乗用車より速かったと当時を振り返る。

◇

国鉄自動車の車両称号は、前述した1946（昭和21）年の改正以降も何度か変更が繰り返されてきた。そして1963年、分割民営化まで続く（さらにJRバス各社の多くも基本的に引き継いでいる）形式3桁＋固有番号4

車体形式変更　百位の数を2とする

板バネ付　百位の数を1とする

空気バネ付
冷房空気バネ付
冷房板バネ付
拾位の数に5を加算

製作年を示す
例　5……1975年製作
　　8……1978年製作
西暦番号の末尾の数字

付与しようとする固有番号が既に付与されているものと重複する場合は既に付与されている固有番号を変更する。

3）第3位の数字

数字	製作会社名
1	いすゞ
2	日産
3	トヨタ
4	三菱
5	東洋
6	富士重工
7	日野
8	日産ディーゼル
9	
0	その他

1972年から国鉄民営化まで使用された自動車称号

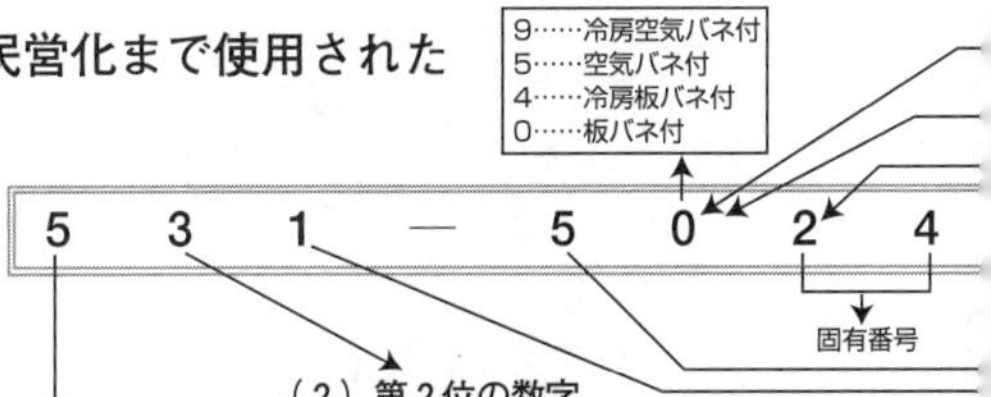

（1）第1位の数字

数字	種別	能力
1	旅客自動車	有効室内長　6,500mm 有効室内高　1,800mm　未満のもの
2	旅客自動車	有効室内長　7,200mm　未満のもの
3	旅客自動車	有効室内長　7,200mm　以上 7,800mm　未満のもの
4	旅客自動車	有効室内長　7,800mm　以上 8,600mm　未満のもの
5	旅客自動車	有効室内長　8,600mm　以上のもの
6	旅客自動車	中長距離・観光用のもの
7	旅客自動車	高速道路用のもの
8	貨物自動車	最大積載量4トン未満のもの
9	貨物自動車	最大積載量4トン以上のもの
0	旅客自動車又は貨物自動車で特殊なもの	

（2）第2位の数字

ア　旅客自動車で第1位の数字が「1」から「7」までの場合

数字	車体形状
1	横向きシート
2	混用シート （横向き、前向き混用シート 前向き1人掛シートが過半数を占めるもの）
3	前向きシート
4	リクライニングシート

イ　貨物自動車で第1位の数字が「8」又は「9」の場合

数字	車体形式	数字	車体形式
1	ディーゼル車　並み荷台	5	ガソリン車　並み荷台
2	ディーゼル車　深荷台	6	ガソリン車　深荷台
3	ディーゼル車　箱形その他	7	ガソリン車　箱形その他
4			

桁の車両称号が採用された。形式の第1の数字はバス・トラックの区別と大きさ（用途）を示し、長距離急行用「6形」と高速道路用「7形」が新設された。第2の数字は車体形状を示し、リクライニングシートつきは「4」として明示されるようになった。第3の数字はメーカーを表している。固有番号の第1の数字は製作年の西暦の末尾である。第2の数字で、板ばね・空気ばねの区別と冷房の有無の識別が行われた。

1972（昭和47）年には実在性の失われたボンネットバス、ダンプ、六輪駆動車、および業務用自動車が削除され、上の表のとおりの車両称号が規定されている。

名神ハイウェイバスの開業と成長

1964年10月５日に開業した名神高速線

前述のような経緯によって、東海道新幹線東京～新大阪間の開業から4日後の１９６４（昭和39）年10月5日、名神高速線名古屋～神戸間（２１５・５㎞）ほかが開業した。当初、国鉄バスと日本急行バスそれぞれが、名古屋～新大阪間に20往復、名古屋～神戸間に10往復のバスを運行。開通時の名神高速道路は制限時速が80㎞であり、名神ハイウェイバスは名古屋～新大阪間が2時間40分～3時間30分（運賃５９０円）、名古屋～神戸間が3時間45分（運賃６５０円）のダイヤだった。

翌１９６５（昭和40）年3月には日本高速自動車が加わり、それぞれが、名古屋～京都間7往復、名古屋～新大阪間15往復、名古屋～神戸間8往復のダイヤに調整を行った。また、この年の9月、名神高速道路の制限時速が１００㎞に変更されている。１９６５年度の平均乗車キロは１４７・８㎞で、これは名古屋～京都深草（京都

1965年に15台が採用された日野ＲＡ100Ｐ

系統の分岐点）間の距離に相当する。全体輸送量の60％を直通旅客（始終点間を乗り通す旅客）が占め、列車の輸送力の補完機能が証明されることになった。

名神ハイウェイバス開業にあたって国鉄バスは、前述のとおり、三菱ＭＡＲ８２０改を14台、日野ＲＡ１２０Ｐを３台用意した。これらは、松山～高知間急行便のマイクロバスに続き、ワンマンカーとして運行された。また、三菱製１台には試験的にトイレが取り付けられた。

１９６５年には輸送力増強のため、三菱ＭＡＲ８２０改、日野ＲＡ１００Ｐを15台ずつ増備。トイレは全車に装備され、全長が道路法の制限いっぱいの12ｍに延長された。またこの年、開業時の車両も含めすべてに自動車無線が取り付けられ、運行管理の効率化に貢献した。名神ハイウェイバスの車両は、名古屋自動車営業所、京都自動車営業所および大阪支所に配置されていた。

１９６７（昭和42）年には日本急行バスと日本高速自動車が名鉄

バスセンターに乗り入れ、国鉄バスの利用者がやや減少する。1968（昭和43）年には名古屋〜新大阪系統が大阪駅発着に変更された。1969（昭和44）年に東名ハイウェイバスが開業すると、東名・名神相互間の旅客が増加し、輸送量は前年比2割以上の伸びを見せる。

さらに1970（昭和45）年、大阪府吹田市で東洋初の万国博覧会が開催され、輸送成績は飛躍的に向上する。開催地が名神高速沿線であったため、会場に臨時の乗降場が設けられ、名古屋〜大阪系統と名古屋〜神戸系統の全便が万博会場経由で運行された。また、名古屋〜万博会場間のエキスポ特急便も4往復設定されている。

高速道路の制限時速が100㎞に引き上げられたことを受け、各メーカーは新しいエンジンの開発に取り組んだ。各種テストのほか、1967年9月から翌年3月まで、名神高速道路上において実際の耐久性の確認が行われた。これは、時速100㎞で20万㎞（地球の約5周分）走り続けるという史上空前の走行テストであり、このテストで得られた多くのデータは、東名ハイウェイバスの車両の製作に反映されている。

1971（昭和46）年以降、平均乗車キロが年々減少したため、特急型中心から各駅停車型中心の運行種別に改められ、沿線旅客の鉄道接続駅への輸送が主体になっていった。また輸送量も追って減少し始めたため、運行系統ごとにダイヤの見直しが行われた。神戸系統は同年に7往復、

１９７２（昭和47）年に４往復、１９７４（昭和49）年に３往復と減便が続き、１９７７（昭和52）年に休止された。大阪系統は１９７１年に12往復、１９７４年に８往復、１９７８（昭和53）年に６往復と減量が図られ、５往復となって民営化を迎えた。京都系統は７～９往復で推移し、土休日運転の超特急便が加わって民営化されている。

東名ハイウェイバスの開業と成長

名神高速道路に続いて工事が進められていた東名高速道路は、１９６８（昭和43）年４月から部分開通が始まり、翌年５月に全通した。国鉄ではもちろん、東名高速道路を利用したバス事業を申請。運輸省は名神のときと同じ方針を表明し、区間運行のローカル便を除き、東急・小田急・名鉄など沿線事業者の合弁会社である東名急行バスと国鉄バスに免許されることとなった。

こうして１９６９（昭和44）年６月10日、東名高速線東京～名古屋間（３５９km）ほかが開業した。開業時の国鉄バスの運行本数は、東京～名古屋間17往復、東京～浜松間６往復、東京～静岡間８往復、東京～沼津間８往復、静岡～名古屋間２往復、浜松～名古屋間２往復の計43往復。東京～名古屋間の所要時間は、主要停留所のみ停車の特急便が５時間20分、全停留所停車の急行便が５時間40分で、東海道本線の急行〈東海〉の５時間23分とほぼ等しかった。

また、東名高速・名神高速両線を直通する夜行便〈ドリーム号〉も設定され、東京〜大阪間に2往復、東京〜京都間に1往復が運行を開始。12月には東京〜名古屋間の1往復が加わった。

一方、東名急行バスは渋谷を始終点とし、昼行便47往復を運行開始した。そのほか、小田急電鉄（新宿〜箱根桃源台間ほか）、富士急行（沼津会館前〜新松田間ほか）、静岡鉄道・遠州鉄道（新静岡〜浜松間）などが、東名高速道路を利用したローカル高速バスの運行を開始している。

東名ハイウェイバスの車両は、名神の経験と前述の走行テストのデータが生かされたものとなった。エンジンは320馬力以上とされ、長距離連続の高速走行に余裕を持たせるとともに、運転保安と耐久性の向上が図られた。停止状態から400m走行するのに26〜28秒（名神ハイウェイバスは約30秒）、時速80kmから100kmに達するのに14〜17秒（名神ハイウェイバスは約20秒）と、発進時・追い抜き時とも加速力がアップした。またパンク防止のため、チューブレスタイヤが採用された。開業時には、いすゞBH50Pが2台、三菱B906Rが37台、日野RA900Pが30台、日産ディーゼルV8RA120が19台用意された。いずれも東名ハイウェイバスのためにメーカーが開発したもので、市販されていない国鉄バス専用型式だった。

これらの車両は、前面・後面窓を大型化して視界を向上させ、前扉横の窓を1段下げたスタイルのボディに統一。サブエンジン式冷房装置（冷房専用のエンジンによりコンプレッサーを駆動する冷房装置）、リクライニングシート、トイレ、自動車電話、自動車無線を完備していた。

東名ハイウェイバスの車両は新設の東京自動車営業所と名古屋自動車営業所に配置され、〈ドリーム号〉は京都自動車営業所・大阪支所も担当した。名神ハイウェイバス同様にワンマン運行され、名古屋系統は静岡、京都・大阪系統は三ケ日《みっかび》で、東西の乗務員の交代が行われた。

1974年から採用された三菱ＭＳ504Ｑ

東名ハイウェイバスは爆発的な人気となり、開業当初の輸送成績は予想をはるかに上回った。夜行便は毎日ほぼ満席となり、昼行便も始発駅で90％、平均でも70％の乗車率をたたきだした。このため翌年以降、東京発着の昼行便各系統の増発が続き、夜行便〈ドリーム号〉には神戸系統が追加された。車両は１９７０（昭和45）年に三菱製15台、日野製7台、日産ディーゼル製８台、１９７２（昭和47）年に日野製５台、１９７３（昭和48）年に三菱製10台、日野製５台と増備が続き、１９７４（昭和49）年には三菱が新たに開発したＭＳ５０４Ｑが10台採用された。

東名ハイウェイバスの存在が定着するにつれ、沿線旅客の利用が増加し、平均乗車キロが減少していった。開業当初33％を占めていた直通旅客が、1974年度には12％まで減少した。そんな中、新幹線の充実による利用客の低迷にオイルショックが重なり、赤字が増大したことから、1975（昭和50）年3月限りで、東名急行バスが営業をとりやめた。国鉄バスは暫定ダイヤとして、東京～静岡間の臨時便を毎日運行することで対応したが、乗客の利用実態に即したものではなかった。そこで同年10月、大幅なダイヤ改正を行った。具体的には、東京～名古屋間を20往復から14往復に減便する一方、東京～静岡間を13往復から30往復に、静岡～名古屋間を2往復から8往復に増便した。長距離中心型のダイヤから中距離中心型のダイヤへの変更である。

夜行便〈ドリーム号〉のほうは、1977（昭和52）年3月で神戸系統を廃止。1978（昭和53）年10月から大阪系統を1往復に減便した上、季節波動に合わせた続行便を運行する形に改めた。

東名高速道路沿線の開発が進むと、途中旅客はさらに著しく伸びていった。そのため1978年10月、東京～名古屋系統を除く全便が各駅停車の急行便に変更された。またその後、東京～沼津・富士間や岡崎～名古屋間などの区間便も設定されている。さらに1986（昭和61）年11月、国鉄最後のダイヤ改正が行われ、東京～名古屋間16往復、東京～浜松間3往復、東京～静岡間29

往復（うち4往復は土休日運転）、東京～富士間1往復、東京～沼津間1往復、静岡～名古屋間4往復、浜松～名古屋間1往復というダイヤで民営化を迎えている。

途中旅客の増加という需要の変化に合わせ、１９７７年に採用された三菱製10台には補助席が設けられた。国が定める道路運送車両法の保安基準により、補助席つき車両は窓が開閉しなければならないため、側窓が固定式から引き違い式に変更された。１９７９（昭和54）年の新車も同じ仕様が選ばれ、三菱製と日産ディーゼル製が10台ずつ増備された。「昭和54年排出ガス規制」の実施に伴い、この年から日産ディーゼル製がＫ‐ＲＡ60Ｓに変更され、翌年には三菱製もＫ‐ＭＳ５０４Ｒとなった。以後、三菱製は１９８１（昭和56）年と１９８２（昭和57）年に固定窓・補助席なしの〈ドリーム号〉仕様が採用されたが、日産ディーゼル製は一貫して補助席つきが増備されている。

１９８４（昭和59）年には、「昭和58年排出ガス規制」に適合した三菱Ｐ‐ＭＳ７３５ＳＡが6台採用された。東名ハイウェイバス初のハイデッカー（一般車より床が約20㎝高い高床車）であり、固定式の側窓が屋根まで至る美しいフォルム。ボディカラーも一新され、大きなつばめマークが描かれたこの車両は、東名ハイウェイバスのイメージアップに貢献した。１９８５（昭和60）年に6台、１９８６（昭和61）年に4台増備され、これが最後の国鉄バス専用型式となった。

民営化直前の1987（昭和62）年には、三菱P-MU525TAが8台採用されている。東名ハイウェイバス初のスーパーハイデッカー（約50㎝高の超高床車）だが、また東名ハイウェイバス初の市販モデルの採用でもあり、7形ではなく6形の車両称号を与えられた姿は、ひとつの時代の終わり、そして新しい時代の始まりを感じさせるものだった。

補助席つきで引き違い窓の
日産ディーゼルK-RA60S

最後の国鉄バス専用型式となった三菱P-MS735SA。
NPO日本バス文化保存振興委員会によって1台が動態保存されている

東名高速線初のスーパーハイデッカー
三菱P-MU525TA

中国ハイウェイバスの開業と成長

大阪以西の中国地方を東西に結ぶ高速道路については、当初、1本のみを建設する方針が示され、山陽にも山陰にもアクセスできる中国山地沿いに、中国自動車道の建設が開始された。1970（昭和45）年3月の吹田《すいた》～豊中間を皮切りに部分開業が続き、1975（昭和50）年10月には吹田～落合間が高速道路によって結ばれた。これに先立ち、国鉄では1969（昭和44）年4月、神姫《しんき》バスとの運輸協定による中国自動車道を利用したバス事業を申請。沿線事業者である阪急バスとの調整もつき、翌年9月、国鉄バス、神姫バスともに免許されることとなった。

こうして1975年11月1日、第3の高速バス路線となる中国高速線大阪～落合インター間（193・8㎞）が、神姫バスとの共同運行という形で開業した。開業時の国鉄バスの運行本数は、大阪～津山間4往復、大阪～津山～落合インター間1往復、大阪～落合インター間1往復だった。神姫バスは大阪～津山間6往復のほか、新大阪～西脇・柏原間、新大阪～福崎・粟賀間、新大阪～山崎・原間、三ノ宮～福崎・粟賀間の高速バスを自社単独で運行開始している。

中国ハイウェイバスの車両としては、三菱B907NAが7台、京都自動車営業所大阪支所に配置された。全長11・3m、エンジン出力300馬力、エアブレーキつきの市販型式で、中国道はカーブが多いこと、ほとんどが制限時速80㎞であることを踏まえての車種選択だった。ボディは東名ハイウェイバスと同じスタイルで、サブエンジン式冷房装置とリクライニングシートを装備。運行時間が短いためトイレはなく、補助席つきで、側窓は引き違い式となっていた。

中国ハイウェイバスは、名神・東名ハイウェイバスのような鉄道並行路線ではなく、その沿線はいわゆる交通不便地域だった。このため開業に合わせ、大阪への短絡ルートである中国ハイウェイバスを鉄道代わりの「幹」とし、神姫バスのローカル路線を「枝」として、相互の接続に重点を置いた輸送網の整備が図られた。潜在需要はみごとに喚起され、中国ハイウェイバスの輸送人員は毎年、前年比17%程度の割合で急増した。大阪～津山系統は増便が続けられ、3年後には8往復、10年後には10往復に成長。大阪～落合インター系統は2往復とも津山経由に改められた。また、北条《ほうじょう》、山崎、美作《みまさか》など、主要停留所のみに停車する特急便も設定されている。

　乗客は若者から高齢者まで幅広く、通勤、ビジネス、ショッピングなど、観光以外の利用が6割以上を占めた。平均乗車キロは90～

短尺の三菱B907NAが用意された中国高速線車両

95㎞で安定しており、沿線旅客に密着した生活路線となっていることがわかる。大阪～津山間は特急便で2時間50分。山陽本線・姫新《きしん》線の急行〈みまさか〉〈伯耆《ほうき》〉は3時間20分を要していたため、急行列車の輸送人員は大きく減少した。

増発に合わせて、車両も増備されている。１９７９（昭和54）年には東名ハイウェイバスと同型式の三菱ＭＳ５０４Ｑが８台採用された。中国道は５％の勾配区間が連続し、満席に近いと３００馬力のエンジンでは余裕のある運転ができないことから、東名で実績のある国鉄バス専用型式に変更されたものだ。ただし、トイレはなく、補助席つきで、引き違い窓という、中国ハイウェイバスの仕様は踏襲された。また１９８２（昭和57）年、後継の同型車で「昭和54年排出ガス規制」に適合した三菱Ｋ－ＭＳ５０

のちに塗り替えも行われた三菱ＭＳ504Ｑ

中国高速線初のハイデッカー三菱Ｐ-ＭＳ725ＳＡ

4Rが2台採用されている。

1986（昭和61）年には中国ハイウェイバスにも初めてハイデッカーが登場。「昭和58年排出ガス規制」に適合した三菱P‐MS725SAで、再び市販型式が選択された。ガラスが屋根まで至る美しいフォルムとニューカラーの採用は東名用車両と同様だが、トイレはなく、補助席つきで、引き違い窓という、中国道仕様となっている。

中国ハイウェイバスでは、新たな輸送ルートに良質なサービスを提供することで、鉄道旅客の大幅な転移を招いた。ここに国鉄バスが進出しなければ、すべて民間事業者に転移することになり、参入の意義は大きかったはずである。しかしながら、国鉄内部では、国鉄バスが鉄道線の旅客を奪ったことに対し、「補完」の役割を逸脱したものだという非難の声があがった。そして以後、国鉄バスは高速線の開業を基本的に控えることになるのである。

【ルポ】〈新東名スーパーライナー〉（JR東海バス） 2012（平成24）年運行開始

「新東名を疾走するノンストップのハイウェイバス」

東名ハイウェイバス東京～名古屋系統には民営化後、御殿場、富士、静岡、吉田、浜松北のみに停車する超特急便〈東名ライナー〉6往復を設定。全国的な高速バスブームの中、再び増加した直通旅客のニーズに

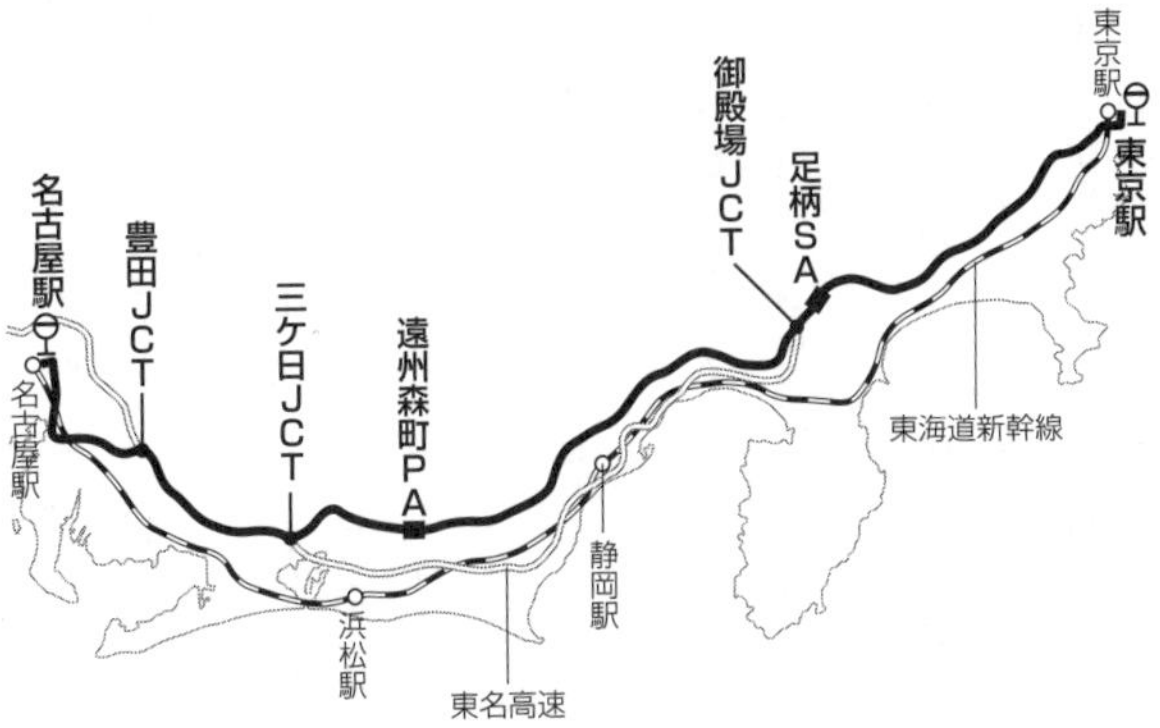

応えたものだ。その後、超特急便は〈スーパーライナー〉、特急便は〈東名ライナー〉と愛称を整理。2012年に新東名高速道路が開通すると、これを経由するノンストップの直行便〈新東名スーパーライナー〉が登場した。東名ハイウェイバスの開業から40年以上を経たいま、東京と名古屋を直結するニューフェイスの乗り心地を味わってみる。

◇

名古屋駅ターミナルビルの建て替え工事に伴い、東名ハイウェイバスが開業以来使用してきた桜通口の乗り場は一時閉鎖され、現在は新幹線口の仮設ターミナルに発着している。〈新東名スーパーライナー〉はJR東海バスとJRバス関東の共同運行。名古屋駅10時ちょうど発の4号は東海の担当で、小雨模様の2番乗り場に7形ダブルデッカー（2階建てバス）が入線する。かつて国鉄バス専用形式がつけていた7形の形式を、JR東海バスでは高速車すべてに使用している。

運転士に「WEB乗車票」を提示。自宅のパソコンからインターネット予約し、クレジットカードで支払いを済ませ、プリントアウトしたものだ。直行便・超特急便・特急便の全停留所と急行便の始発停留所から乗車する場合、座席の予約が可能になった。普通運賃5100円の名古屋～東京間が、乗車日の21日前までにネット予約し、指定期日までに購入すれば、半額以下の2400円と超おトク！　老舗の高速バスも、時代のトレンドはきちんととらえている。

好きな座席を選ぶこともでき、私は2階最前列右側の1C席を指定。〈新東名スーパーライナー〉5往復のうち、上り4号と下り5号には、前方3席×2列の「ビジネスシート」がついている。シートピッチ（座席の前後間隔）が広く、オットマン（足載せ台）なども備えたこのシート。普通運賃は一般席＋600円の5700円だけれど、ネット予約の早割を使えば、3660円で購入できる。ちなみに一般席も横3席の配置なので、幅のほうはそれほど変わらない。車内は満席で、直行便の人気ぶりがうかがえた。

◇

東名高速の名古屋インターまで一般道を行く他の系統と異なり、〈新東名スーパーライナー〉は発車してすぐ、名駅《めいえき》料金所から名古屋高速に上がる。テレビ塔を右手に都心環状線を半周し、3号大高《おおだか》線を南下して、名古屋南ジャンクションで伊勢湾岸自動車道へ。湾岸道は東名阪道経由で新名神高速に接続し、中京地区と関西地区を結ぶ新たなルートなので、大型トラックを中心に交通量が多い。

豊田《とよた》ジャンクションで東名高速に合流し、車の数がさらに倍増する。ほどなく岩津バス停を通過。特急便は静岡まで各駅停車だし、超特急便でもこのあたりは1停留所おきくらいに停車する。名古屋から東京を目指す乗客はわずらわしいに違いなく、直行便は待望されていたのだ。

それにしても、ダブルデッカー最前席の眺望はすばらしい。ハイアングルな3Dのドライビング映像が、フロントガラスいっぱいに展開されているかのようで、テーマパークのアトラクションみたいだ。そしてまた、上下にふわふわふわとよく揺れる。前輪よりもさらに前に座っているからなのだろうか。

三ケ日ジャンクションから、いよいよ新東名高速に入る。と、上下の揺れがピタリとやんだ。開通から半世紀近くを経た東名高速が、いかに傷んでいるかを思い知る。いつのまにか山の中腹を走っており、斜面の緑に綿菓子のような雲の切れ端がいくつも乗っている。霧の出やすい土地なのかもしれない。浜松サービスエリアを過ぎると平野に下り、天竜川の広い河川敷を越える。再び丘陵地帯に上がって11時50分、遠州森町《もりまち》パーキングエリアに停車。15分間の休憩となった。

昼どきなので乗客たちが売店に殺到。けれど、菓子パンとおにぎりくらいしかなく、みな落胆した様子。東名経由のバスが休む浜名湖サービスエリアは、目移りするほど「食」が充実しており、それに比べて落差が大きい。これを知っていた私は、乗車前に名古屋の駅弁「ひつまぶし巻き」を購入済み。小さなバスのテーブルに収まるサイズで、太巻きだから車内でも食べやすいし、うなぎは浜名湖周辺の景色によく似合う。高速道路では手に入らない缶ビールも用意してあり、周囲に気を使いながら、こっそりと味わう。揺れない新東名区間は、絶好のランチタイムといえよう。

小さなテーブルにジャストフィットの「ひつまぶし巻き」

◇

おなかがいっぱいになったら、次は睡魔に襲われた。「ビジネスシート」

は広いので、やや深めにリクライニングさせても、後ろの乗客に迷惑がかからない。可動式枕を頭に合わせ、大きなレッグレスト（太腿あて）とオットマンに足を投げ出せば、快適さのあまりすぐにウトウト。しばらくして、ガタンという揺れで目を覚ますと、バスは東名高速に戻っていた。雨が上がり、青空もちょっぴり覗いている。13時35分に足柄サービスエリアへ入り、2度目の15分休憩がとられた。

今度は浜名湖以上に大型のサービスエリアだから、品揃えはきわめて充実。乗客の多くがお気に入りのランチにありつけたようだ。グループ旅行の女性陣は『ロータスガーデン』の富士山形メロンパンにかぶりつき、お隣1B席の壮年紳士は『おこわ米八』の幕の内弁当を広げていた。

足柄を発車すると、「お客様からご希望がありましたので、次は用賀《ようが》パーキングに停車します」と運転士がマイクで案内。東名高速から首都高速3号線に入ったところにある用賀パーキングエリアは、東急田園都市線の用賀駅まで徒歩5分ほどの距離。首都高速が渋滞していたりして、乗客が希望したときだけ、サービス停車してくれる。ただし、バスは用賀料金所の一番左端のゲートからしかパーキングエリアに進入できず、この日は「工事中のため通過させていただきます」と相成った。

幸い首都高速の流れは良く、10分足らずで渋谷駅を見下ろし、30分ほどで霞が関出口を通過。地下鉄3路線に乗り継げる霞が関のバス停で、3人の男性客が降りていった。左手に皇居のお堀と石垣を眺めた後、大手町の交差点を右折して、終点の東京駅日本橋口に到着。なんと、ジャスト定刻の15時28分！　プロの技術は開業から今日まで、しっかりと受け継がれているようだ。

第5章

国鉄自動車が歩んだ分割民営化までの道

収支悪化に伴う経営改善と、地方バス路線運営費補助金

１９６０年代前半までの国鉄バスでは、拡大再生産によって収支均衡を図ろうとする拡張主義の経営が行われていた。走行キロを増加させれば、収入の絶対量が増加する。当然、経費の絶対量も増加するが、固定費を走行キロで割れば、キロ当たりの経費は減少する。道路整備が進み、バス事業が黄金期を迎えていたこの時代。ランニングコストさえペイしていれば、路線はやがて育っていき、採算はとれるという信念の下、各地に新規路線が開設されていったのだ。

もちろん、固定費そのものを削減する努力も行われた。業務機関の整理統合（業務の集中化）、遊休施設の整理、自動車駅業務の外部委託、要員運用の合理化などが進められた。その結果、収支係数（１００円の収入を得るために必要な費用）は戦後まもない１９４６（昭和21）年度には４３１、独立採算制の公共企業体となった１９４９（昭和24）年度には１９６だったが、急速に好転していき、１９６３（昭和38）年度には１１１にまで改善された。

ところが１９６４（昭和39）年度、突如として赤字額が跳ね上がり、収支係数が１２６に悪化した。経費の増加が収入の増加を上回ったのだ。モータリゼーションの急速な進行と人口の都市への流出などにより、国鉄バスの大半を占める地方路線の輸送量が頭打ちとなった。一方、人件

費とさまざまな物件費の上昇などにより、経費が大幅にアップしたことがその原因だった。

１９６４年はまた、国鉄自体が赤字に転化した年でもある。高度経済成長により逼迫した輸送力の増強を、巨額の借入金によって行ったことで、以後、国鉄の経営状況は年々悪化していく。こうした国鉄財政は大きな問題となり、１９６８（昭和43）年には運輸大臣の諮問機関である国鉄財政再建推進会議を開催。①国鉄財政基盤の確立について、②国鉄経営の刷新について、③将来における国鉄輸送のあり方について、が審議され、再建への具体策を盛り込んだ意見書が提出された。これにもとづき翌年、政府は日本国有鉄道財政再建促進特別措置法を公布し、10年後の黒字転換を目標とする財政再建計画を策定。さまざまな施策が進められることになった。

同じ１９６８年、国鉄本社内に国鉄自動車経営改善委員会を設置。国鉄の全社的見地から、国鉄自動車の経営改善について検討が行われ、常務会に報告された。これは１９７１（昭和46）年度までの３カ年計画で、営業増進施策に加え、近代化施策として、①路線の再編成（不採算路線・不採算乗務行路の廃止・削減）、②ワンマン化の推進（１９７１年度の目標ワンマン化率34％）、③業務執行体制の刷新（乗務能率の向上、資材業務の近代化、事務の簡素化・外注化など）、④検修の合理化（検修集中の強化、標準工程の推進、検修業務の外注化など）、⑤貨物輸送の改善（一般貨物の全廃、荷電代行の外注化）に取り組むというものだった。これらの施策によって合理化

北海道で最初に導入された
札樽線のワンマンバス

が推進された結果、1971年までの3年間で、営業キロは約230km減少して1万6022kmに、車両数は約230台減少し、バス2757台、トラック329台になった。

3カ年経過後の1972（昭和47）年、国鉄は「自動車経営の今後の基本的な考え方」を提示。路線ごとの経営管理を徹底し、輸送需要が伸び企業として責任が持てる分野と、そうでない分野に区分して、それぞれに適した施策を推進するというものだ。具体的には、高速線、都市間路線、観光路線などについては、鉄道との一貫輸送体制の整備など積極的な営業施策を進め、収支の均衡を目指す。その他の路線については、沿線利用者の同意などを得ながら再編成を行う。とくに閑散路線については、廃止や民間事業者への移管を積極的に進めるというものだった。

国鉄バスはその歴史的な経緯から、地域開発を目的とした地方路線を数多く抱えていた。このため、とくに乗車密度の低いものについて、廃止が進められることになった。しかし、日常生活に不可欠な最後の足だけに、中型バス・小型バスを使ったワンマン化によるコスト削減、停留所以外でも乗り降りができるフリー乗降制の導入、バスの接近を音楽によって知らせるメロディーバスの採用などによって、ぎりぎりの合理化が行われ、存続への努力は続けられた。

政府は1972年、それまで離島や辺地などを対象としていた補助制度の抜本的な見直しを行った。地方の生活路線を将来にわたって維持し、地域住民の福祉を確保することを目的として、「地方バス路線運行維持対策要綱」を創設。離島や辺地以外の民間事業者に対しても助成金の交付を開始したのだ。追って1977（昭和52）年、国鉄バスに対しても、この制度の趣旨に準じた「日本国有鉄道地方バス路線運営費補助金」が交付されることになった。

1971年から1977年までの6年間で、営業キロは約1100㎞減少して1万4902㎞に、車両数は約300台減少し、バス2605台、トラック184台になった。

国鉄全体の経営改善計画がつくられた1977年、自動車部門の経営改善計画も策定された。その内容は、路線別管理をより強化し、実態に即応した路線の再編成を行うとともに、各種の合理化施策を推進することにより、自動車部門の収支の改善に努めるというものだった。これに従い、東名・名神高速線のダイヤ改正、鉄道並行路線・長大路線の廃止、不採算路線の減便・廃止、さらなるワンマン化の推進（1981［昭和56］年度の目標ワンマン化率75％）などが行われた。

1979（昭和54）年には、国鉄が新たな経営改善計画の基本として、「国鉄再建の基本構想案」を運輸省に提出。自動車部門に関しては、高速線の需要に合わせた積極的な営業施策の展開、一

旅客輸送成績の推移（一般路線）（昭和45年度～昭和54年度）

種別＼年度	営業便走行キロ（千キロ）	指数	輸送人員（千人）	指数	輸送人キロ（千人キロ）	指数	収入（千円）	指数	旅客車キロ当り収入（円、銭）
昭和45	108,227	100	271,692	100	2,626,257	100	15,067,449	100	139.22
46	106,123	98	264,483	97	2,611,385	99	15,545,664	103	146.49
47	104,892	97	258,511	95	2,580,801	98	17,297,071	115	164.90
48	102,801	95	252,886	93	2,540,153	97	19,359,414	128	188.32
49	99,926	92	252,836	93	2,515,081	96	23,096,657	153	231.14
50	99,325	92	244,883	90	2,447,899	93	26,028,928	173	262.06
51	98,701	91	234,410	86	2,390,097	91	28,032,964	186	284.02
52	97,392	90	224,559	83	2,272,796	87	28,786,755	191	295.58
53	96,360	89	214,026	79	2,165,274	82	30,220,454	201	313.62
54	95,807	89	209,094	77	2,144,845	82	31,361,707	208	327.34

旅客輸送成績の推移（高速線）（昭和45年度～昭和54年度）

種別＼年度	営業便走行キロ（千キロ）	指数	輸送人員（千人）	指数	輸送人キロ（千人キロ）	指数	収入（千円）	指数	旅客車キロ当り収入（円、銭）
昭和45	23,723	100	2,650	100	606,216	100	2,539,403	100	107.04
46	23,273	98	2,506	95	587,361	97	2,472,508	97	106.24
47	22,944	97	2,666	101	595,884	98	2,513,079	99	109.53
48	21,569	91	2,442	92	497,629	82	2,259,230	89	104.74
49	20,683	87	2,371	89	496,251	77	2,420,741	95	117.04
50	20,679	87	2,799	106	451,598	74	2,726,208	107	131.83
51	20,897	88	3,115	118	466,554	77	3,295,229	130	157.69
52	20,642	87	3,337	126	513,137	85	4,221,275	166	204.50
53	19,266	81	3,112	117	461,723	76	4,249,389	167	220.56
54	17,548	74	2,941	111	416,792	69	4,034,909	159	229.94

貨物輸送成績の推移
（昭和45年度〜昭和54年度）

年度＼種別	走行キロ（千キロ）	指数	輸送人数（千人）	指数	収入（千円）	指数
昭和45	4,389	100	1,649	100	726,458	100
46	4,982	114	1,858	113	847,570	117
47	4,359	99	1,564	95	763,983	105
48	3,265	74	1,244	75	746,826	103
49	2,131	49	935	57	561,059	77
50	1,609	37	777	47	571,998	79
51	1,621	37	760	46	568,525	78
52	1,429	33	718	44	550,172	76
53	1,526	35	749	45	600,129	83
54	2,301	52	1,023	62	892,357	123

般路線の輸送量の変化に対応した路線の再編成、トラック輸送の段階的縮減を行い、業務運営の能率化と収支確保の施策を講じることとされた。さらに、高速線については１９８３（昭和58）年度に、全体については１９８５（昭和60）年度に、自動車部門固有の経費で、地方バスから生じる欠損を除いて収支均衡を図ることが示された。この計画に沿って１９８４（昭和59）年、荷電代行を含めたトラック輸送が全廃され、引き続き不採算路線の休廃止が進められた。

１９７７年から１９８５年までの８年間で、営業キロは２３００km以上減少して１万２５３９kmに、車両は４００台以上減少してバス２３６３台、トラックはついに０となった。

不採算路線の廃止とワンマン化の推進

前節で紹介した経営改善の過程で、一貫して取り組まれたのが路線の再編成だった。まずは路

廃止された南十勝線の広尾入口松並木を行く路線バス

線ごとにダイヤが見直され、走行キロが大幅に削減された。また予備車の共通運用などにより、運用車両の削減も行われた。そして次に、不採算路線の廃止が進められた。その対象は、新規開業した鉄道線の並行路線、輸送改善が行われた鉄道線の並行路線、おおむね80㎞以上の長大路線、民間事業者との競合路線、乗車密度（1日1㎞当たりの平均輸送量）が5人以下と著しく低い路線、道路環境によりワンマン化ができない路線などが中心であった。

北海道地方では、1970年代にまず十勝地区で大幅な見直しが行われ、帯広市内を除くすべての路線が廃止された。和寒線は道北バスに移管され、当麻線も全廃されている。また、羊蹄線、山梨線の廃止など、胆振《いぶり》地区の縮小も進められた。1980年代に入ると、長沼線、長恵《ちょうけい》線、伊達線などで部分廃止が進められ、美瑛線の全廃によって美瑛自動車営業所が閉所となった。

東北地方では、1968（昭和43）年の東北本線の複線電化の完成により、並行する長距離路線の乗客が減少。仙台盛岡急行線は仙台〜一ノ関間に短縮され、盛岡〜金田一間急行便も休止された。盛岡〜陸前高田間は岩手中央バスに任せる形で、国鉄バスは遠野〜陸前高田間に短縮されている。また1975（昭和50）年の久慈線の開業により、陸中海岸線は大幅に減便された。さらに、遠野、象潟、角田、小国、福島の各自動車営業所管内を中心に、ローカル路線の廃止も進められている。

関東・信越地方では、山倉線が千葉交通に移管され、飯高線、磐城南線が全廃された。また、霞ケ浦線、北常陸線、常野線、水都東線、多古線、矢板線などで不採算区間が廃止されている。

中部・北陸地方では、名古屋〜刈谷間、名古屋〜多治見間、蒲郡《がまごおり》〜豊橋〜新居町《あらいまち》〜浜松間、金沢〜能登飯田間急行便など長距離系統の廃止が進められ、名金急行線は名古屋鉄道に任せる形で、国鉄バスは名古屋〜鳩ケ谷間に短縮された。また1976（昭和51）年の岡多線の開業により、国鉄バス岡多本線は瀬戸南線・瀬戸北線、高蔵寺線は瀬戸西線と改称され、鉄道並行区間が減便されている。さらに、宝達線、恵那線、安城線、浜名線、天竜線などで部分廃止が進み、大野線の大幅な短縮と後述の金津三国線の廃止に伴い大野自動車営業所が閉所となった。

近畿地方では、京都〜小浜間の直通運転が休止され、五新線も短縮された。また1974（昭和49）年の湖西線の開通により浜大津線が廃止された。浅井線は近江鉄道に移管され、東大阪線も阪急・京阪・近鉄に任せる形で撤退となった。さらに、杉津線、名田庄線、若江線、園福線、亀草線、八幡線、柳ケ瀬線などで不採算区間の廃止が進められている。

中国地方では、1970（昭和45）年の呉線の電化により安芸線が減便され、1964（昭和39）年の山陽本線の電化完成により関門急行線が減便を経て休止された。山陽筋ではほかに、両備線倉敷〜金光《こんこう》間、瀬戸内東線金光〜福光間、光線岩国〜大畠間・徳山〜防府間が廃止されている。三次〜松江間、広島〜益田間などは直通運転をとりやめ、美伯線の廃止により鳥取県から撤退した。さらに、雲芸線、岩益線、川本線、坂上線、防長線などで不採算区間の廃止が進められている。

四国地方では、高徳本線のディーゼル化により、北四国急行線が減便を経て休止された。また1974年の予土線の全通により、窪川線窪川〜江川崎間が廃止されている。このほか、松山高知急行線、川池線、西讃線、阿波線などで支線の廃止が進められている。

九州地方では、佐俣線、臼三線、都城線、直方線などで縮小が進められている。

川本線の支線のワンマン化のために投入された１形ライトバス

◇

一方、存続した路線ではワンマン化が進められた。ワンマン化は、乗務員の削減、営業事務の簡素化により、固定費の圧縮に直結するため、その推進は急務とされた。すでに小型車では松山～高知間の急行便で１９６１（昭和36）年から、ハイウェイバスでは名神高速線で開業時の１９６４年からワンマン運行が行われていたが、一般路線では１９６６（昭和41）年5月の志賀草津高原線長野原～草津温泉間が最初となった。続いて、同年8月には嬉野線武雄～彼杵間、9月には安芸線広島バスセンター～呉間、翌年3月には札樽線札幌～小樽間、空知線札幌～下野幌《しものっぽろ》団地間、10月には鳥海線象潟～横内間など、全国的に推進されていった。

しかし、山間部の狭隘路線などを数多く抱える国鉄バスでは、民間事業者に比べてワンマン化の進行が遅れた。このため、道路の改修や中型・小型バスの導入、バックアイカメラ（後方確認用テレビカメラ）の装着などを進め、ワンマン化を急いだ。そして１９８５（昭和60）年、ようやくワンマン化率１００％を達成している。

廃止鉄道線の代替輸送と新たな路線の展開

不採算路線の整理が進められた一方で、営業増進策として、1970〜1980年代に増強が図られた路線や新たに開設された路線もいくつか見られる。ただし、こうした既存路線の増強や新規路線の開設は、必要最小限度にとどめること、そして、実施する場合は既存路線の合理化によって捻出した車両・要員を充当することと決められていた。

国鉄財政の悪化を受けて、国鉄総裁の諮問機関である日本国有鉄道諮問委員会は1968（昭和43）年9月、地方の赤字ローカル線83線区について、「便益性を十分に確保する見通しを立てた上で、自動車輸送に委ねるべきである」との意見書を提出した。これを受けて1972（昭和47）年に5線区が廃止され、国鉄バス5路線（計80・1㎞）による代替輸送が開始された。

まず1月、鍛冶屋原線板野〜鍛冶屋原間が廃止され、並行道路に運行していた国鉄バス阿波線が3往復に、徳島バスが43往復に増便され、代替輸送にあたった。3月には三国線金津（現・芦《あ》原《わら》温泉）〜芦原間が廃止され、並行路線にバスを運行していた京福電気鉄道が35往復、沿線からの要望により新設された国鉄バス金津《かなづ》三国線が25往復の運行を開始した。同じ3月には篠山線篠山口〜福住間が廃止され、並行する国鉄バス園篠線の5つの系統を増便する形で代替が行われた。

1972年には廃止された川俣線の代替輸送を開始

1976年には大島大橋が完成して大畠駅へ乗り入れ

５月には川俣線松川～岩代川俣間が廃止され、並行する国鉄バス川俣線の松川～川俣高校前間が14往復に増便され、代替輸送にあたった。そして６月には札沼線の北部区間、新十津川～石狩沼田間が廃止され、並行する国鉄バス石狩線の５つの系統を増便する形で代替が行われた。

しかし７月、「日本列島改造論」を掲げる田中角栄内閣が発足すると、「人・カネ・モノを大都市から地方へ」という政策が行われ、ローカル線の廃止はわずか５路線をもって中断された。

一方、大畠と周防大島を結ぶ大島大橋が完成し、大畠～小松港間の国鉄大島航路が廃止された。これに伴い１９７６（昭和51）年７月、大島島内で運行されていた国鉄バス大島線の本線と安下《あげの》庄《しょう》線を延長。大島大橋を渡って大畠駅に発着し、後に一部が柳井駅まで乗り入れている。

1980（昭和55）年には日本国有鉄道経営再建促進特別措置法が制定され、以後5年間で国鉄の経営基盤を確立することが求められた。この中には、赤字ローカル路線のうち、乗車密度が4000人未満の「特定地方交通線」について、民営化またはバス転換を行う方針が盛り込まれた。これを受けて、1983（昭和58）年の北海道白糠線を皮切りに、実際に廃止が進められていく。1987（昭和62）年3月に廃止された鹿児島県大隅線の代替輸送は、全国で唯一、国鉄自身のバスで行うことになり、鹿児島自動車営業所国分支所が担当している。

◇

過疎化の進む地方とは対照的に、大都市には人口が集中し、周辺部にベッドタウンが形成され始めた。沿線に団地の造成や学校の新設・移転などが相次ぎ、利用者が急増した路線も見られた。そこで国鉄バスでは、他路線の再編成により車両・要員を確保し、輸送力の増強に努めた。

広島地区では雲芸南線沿線の高陽《こうよう》地区に住宅団地が形成され、1975（昭和50）年から入居が開始された。雲芸南線は1976年から高陽団地への乗り入れを開始し、1979（昭和54）年には広島～高陽団地間は87往復という幹線となった。1980年代には人口2万人を超える巨大なニュータウンに成長し、広島交通、広島バスとともにその輸送にあたっている。

札幌地区では手稲《ていね》・野幌・広島地区の宅地開発が進み、札樽線・空知線の利用者が急増していった。1970年代後半に札幌駅と手稲公営住宅中央、もみじ台団地、北広島などを結ぶ路線が新設され、市営地下鉄東西線が開業した1982（昭和57）年には、新さっぽろをターミナルとした大規模な路線再編が行われた。1980年代も新たなニュータウンへの乗り入れが行われるとともに、新設された森林公園駅や星置《ほしおき》駅へのアクセスも開始された。

バス指定券がマルスに収録された〈なんごく号〉

◇

都市間路線・観光路線については、その乗車券やバス指定券などがマルス（コンピュータによる座席予約・発券システム）に収録され、全国の「みどりの窓口」などで発売されて、利便性が高まった。1969（昭和44）年の松山高知急行線〈なんごく号〉を最初に、東名・名神高速線〈ドリーム号〉（夜行便）〈エコー号〉（東名昼行便）〈アロー号〉（名神昼行便）、奥能登線〈おくのと号〉（定期観光）、十和田北線〈みずうみ号〉〈あさむし号〉、十和田南線〈とわだこ号〉、白樺高原線〈しらかばこ号〉、南房州線〈南房号〉（定期観光）が次々に収録され、１９７５年開業の防長線〈はぎ号〉以降、都市間路線・観光路線は運行開始とともにマルスに収録されるようになった。

　１９８０年代に入ると全国で高速道路の開通が相次ぎ、高速道路を使った既存路線の延長やサービスアップが進められた。東北新幹線大宮～盛岡間が開業した１９８２年には、十和田南線を延長した盛岡～十和田湖間高速バス〈とわだこ号〉を秋北バスとともに運行開始。上野開業時の１９８５（昭和60）年には盛岡～弘前間〈ヨーデル号〉を弘南バス・岩手県北《けんぽく》自動車・岩手県交通との共同運行で開業した。翌年には仙台～一ノ関間急行便を東北道経由に変更している。

　中国地方でも１９８３年、広島～浜田間特急便と広島～江津間特急便を中国道経由に変更し、１９８５年には広島～浜田間に新幹線接続の夜行便を設定した。翌年には一畑《いちばた》電気鉄道との相互乗り入れにより、広島～出雲間の高速バスを開業している。

　北海道では１９８６（昭和61）年に札樽高速線が開業し、翌年には特急用気動車キハ１８３系と同じカラーの専用車が投入された。九州では同じ１９８６年、直方線博多～直方間に九州道経由が設定されている。

　観光需要への対応も行われている。東北新幹線の開業により、十和田湖への観光客が増加したことから、１９８４（昭和59）年に定期観光バス〈おいらせ号〉を設定し、後に天井をガラス張りとしたパノラマバスを投入した。三陸鉄道北リアス線開通後の１９８５年には、盛岡を起点に龍泉洞《りゅうせんどう》や北山崎などをめぐる定期観光バス〈リアス観光号〉の運行を開始した。

早春に観光シーズンを迎える南房総では、１９８２（昭和57）年、春季限定の定期観光バス〈ポピー＆ストロベリー号〉を日東交通との共同運行でスタートしている。千葉県浦安市に東京ディズニーランド（ＴＤＬ）がオープンすると、京葉線開業までの先行路線として、１９８３年に東京空港交通と東京湾岸線東京〜ＴＤＬ間を、１９８５年に京成電鉄と上野湾岸線上野〜ＴＤＬ間を開業。このときの新車に採用された新たなカラーは、東名高速線のハイデッカーに引き継がれ、本州のＪＲバス各社でいまなお使用されている。

また貸切バスは、民間事業者と粘り強く調整を図りながら、増車が続けられた。１９７０年代には全国で１００台を超え、１９８７年の民営化時には２００台を超えていた。民営化を前に営業基盤を強化し、民間事業者並みに生産性を高めるため、各地域で懸命の努力が払われた結果であった。

多様化した1970〜1980年代の国鉄バス車両

１９６６（昭和41）年から採用されたワンマンバスは、保安装置や運賃収受装置、案内放送装置に改良が加えられながら、全国に普及していった。1973（昭和48）年にはバックアイカメラが実用化されたため、これを中型車の3形や中型短尺の2形、小型車の1形に搭載することにより、狭隘路など走行環境の良くない路線についてもワンマン化が進められた。

大型の5形については、使用路線に合わせてさまざまな仕様が選択されるようになった。一般的なワンマン車は前中折戸（前部と中央部の2カ所に折戸）・2人掛けシート・リーフサス（板ばね）であったが、通勤・通学路線には1人掛けシートを配した長尺ボディ、観光路線には引き違い窓のエアサス車が採用され、6形のような前扉仕様も見られた。ワンマン化が完了したのは1985（昭和60）年であり、1980年代に入ってもなお、中扉仕様のツーマン専用車が残っていた。また1980年代には冷房装置が取り付けられたが、北海道地方や東北地方を中心に、非冷房車が民営化以降も活躍した。

都市間路線に使用される6形は、前扉・引き違い窓・リクライニングシートを装備するエアサス仕様の冷房車となった。またこれにポットや冷蔵庫、床下トランクなどを備えた貸切バスも増備され、貸切営業の強化に貢献した。これらの6形には1983（昭和58）年から、ハイデッカータイプも採用されるようになっている。

岩泉で活躍していた237-7401（日野P-RJ170BA）

鍛冶屋原に残っていた334-6003（三菱K-MK103H）

◇

では、1970〜1980年代の特徴的な国鉄バス車両をいくつか紹介していく（日産ディーゼルK・UA31Lを除き撮影は民営化後）。

●日野P-RJ170BA（2形）

ローカル路線のうち、とくに道路条件の良くない狭隘路線のワンマン化のために採用された中型車。3形よりさらに短い全長8m弱のサイズで、日野製が東北地方に、いすゞ製が四国地方に配置された。屋根の上のスピーカーは、メロディーバスを運行するための装備である。

●三菱K-MK103H（3形）

全国的に路線バスの乗客が減少し、中型路線タイプに対するニーズが高まる中、三菱から発売された全長9m弱の型式。ベースが観光タイプであることから、引き違い窓を持つことが特徴。

1970年代のヒットモデルだが、国鉄バスでの採用は少数にとどまっている。

●いすゞK-CJM550（5形）

国鉄バス専用道路を走る白棚線は、大量の学生輸送を担っており、全長11・5mの長尺ボディに1人掛けシートを配した5形が活躍。シャーシ（車体を除く足回り）とボディのメーカーが系

白棚線に使用された521-2083（いすゞK-CJM550）

名古屋の一般路線車538-0908
（日産ディーゼルK-UA31L）

晩年は東京から西那須野に転じた644-3981
（三菱K-MS613SA）

列化された1980年代だが、国鉄バスでは写真の車のように、いすゞ+日野ボディの組み合わせが1983年式まで見られた。また北海道や東北・信越には、1980年代後半まで非冷房車が投入された。

●日産ディーゼルK-UA31L（5形）

同じ5形でも、中距離の郊外線などでは引き違い窓のエアサス車が使用された。サブエンジン式の冷房が搭載され、十和田や房総、信州、能登などの観光路線には前扉だけの仕様も採用された。日産ディーゼル製は東北（秋田・山形）・信越・中部地方のみに配置されていた。

●三菱K-MS613SA（6形）

1983年のTDLオープンに合わせて開設された東京湾岸線東京～TDL間には、6形ハイデッカーを投入。この車両がまとった新たなボディカラーは翌年、東名高速線初のハイデッカーにも採用された。また、同じボディのハイデッカー（三菱・いすゞ・日産ディーゼル製）が民営化をまたいで大量に増備され、高速車や貸切車として使用された。

◇

国鉄バスのボディカラーは、時代とともに変化してきた。1930（昭和5）年の開業当初は、ねずみ色とクリームのツートンに紺とオレンジの帯を締めていた。終戦直後は物資も乏しく、ねずみ色一色となるが、１９５０（昭和25）年にはマルーン（栗色）とクリームのツートンを採用。１９５５（昭和30）年になると、暖地（四国・九州）のみ青緑とクリームのツートンが採用された。

１９６０（昭和35）年には、暖地用カラーのサイドバンパー部（車体の側面下部）にからし色の帯を巻いたデザインで全国を統一し、翌年には中長距離用として、ねずみ色と白のツートンにオレンジの帯を締めたデザインが追加された。１９６４（昭和39）年に開業した名神高速線の専用車は、紺と白のツートン、サイドバンパー部と屋根がシルバーというメタリック塗装で登場。これがとても好評だったことから、１９７２（昭和47）年以降、一般路線車・貸切車もすべてこのカラーとなった。

そして、１９８３年には前述のように、東京湾岸線のハイデッカーに青と白のツートン、つばめマークを大きく描いた新デザインを採用。これが東名高速線専用車を経て、高速車・中長距離用・貸切車の標準カラーとなり、民営化を迎えることになる。

このカラーは、ＪＲバス関東とＪＲバス東北ではほぼそのまま、ＪＲ東海バスと中国ＪＲバスではアレンジされ、西日本ＪＲバスではピンク色のアクセントがプラスされ、現在まで使用されている。また、国鉄一般路線車カラーのほうは、ＪＲバス東北、ＪＲ四国バスではほぼそのまま、ＪＲ北海道バスではアレンジされ、それぞれの一般路線車カラーとして使用されている。一方、

ＪＲ九州バスすべてとＪＲ四国バス、ＪＲ北海道バスの高速車・貸切車は、各社のコーポレートカラーの赤、水色、萌黄色を使ったまったく新しいデザインに変更されている。

1987（昭和62）年4月、国鉄分割民営化へ

名神・東名高速道路の開通に象徴される自動車時代の到来は、しかし、バスの時代ではなくマイカーの時代を意味するものだった。１９７０年代に入ると、モータリゼーションは急速に進展し、過疎化の進んだ地方では、路線バスはもちろん、鉄道の旅客も漸減した。さらに、路線バスや軌道の場合、人口の集中した都市部でも、道路渋滞による定時性の喪失という形で、乗客を失っていった。大幅な合理化を余儀なくされたのは、国鉄だけの話ではない。

ただ国鉄の場合、鉄道の輸送改善に伴う多額の負債を抱える中、なおも政治的な思惑から新線建設が続行されるなど、合理化によって営業収支を改善するだけでは解決できない背景があった。

そして１９８０年代、流れは分割民営化に向かって、大きく動きだすのである。

◇

内閣の諮問機関として設けられ、国鉄問題を審議していた第二次臨時行政調査会は１９８２（昭和57）年、国鉄は5年以内に分割民営化すべきであるとの答申を出し、分割民営化が閣議決定

された。1986（昭和61）年には日本国有鉄道改革法が公布され、国鉄は1987年4月に分割民営化の上、新しい経営形態として再出発することが決定した。この日本国有鉄道改革法は、国鉄再建監理委員会が提出した「意見」を骨子として作成されている。そして、この「意見」では国鉄バスについて、「バス事業は適正規模で鉄道と関連を持ちながら自主的経営を行うことが望ましいので、いったん旅客鉄道会社に引き継ぎ、再分割・分離独立を検討する」とされていた。国鉄バスではこの趣旨に沿って、地域グループ数と分離・非分離について検討を開始した。

地域グループについては、再建監理委員会の意見では13ブロックが例示されていたが、旅客需要の季節波動や旅客鉄道会社のエリアとの整合から、これを8ブロックとすることが決定された。当時の国鉄バスは、北海道、東北、信越、関東、中部、近畿、中国、四国、九州の9つの地方自動車局・部に分かれていたが、分割民営化に先立ち、これを8つの地方自動車局・部にする調整が行われた。このため所管の営業所が変更され、信越地方自動車部は廃止されている。

また、分離・非分離については、鉄道事業とバス事業との経営上・営業上の関係、バス事業の収支見通しを考慮しながら決められた。その結果、最終的な分割案は次のとおり確定している。

北海道地方は、北海道地方自動車部の7営業所（札幌、厚別、滝川、伊達、様似、帯広、厚岸）で、JR北海道（北海道旅客鉄道）に引き継がれ、当面、同社の自動車事業部とすることになった。

東北地方は、東北地方自動車部の12営業所（大湊、青森、久慈、北福岡、沼宮内、岩泉、遠野、一ノ関、古川、仙台、角田、福島）と信越地方自動車部から東北に移った十和田南、象潟で、いったんＪＲ東日本（東日本旅客鉄道）に引き継がれ、１年後に再分離することとなった。

関東地方は、関東地方自動車局の10営業所（西那須野、棚倉、烏山、宇都宮、土浦、長野原、八日市場、館山、水戸、東京）と信越地方自動車部から関東に移った小諸、中部地方自動車局から関東に移った伊那、下諏訪で、いったんＪＲ東日本に引き継がれ、１年後に再分離することとなった。

東海地方は、中部地方自動車局の６営業所（静岡、新居町、瀬戸、遠江二俣、美濃白鳥、名古屋）で、いったんＪＲ東海（東海旅客鉄道）に引き継がれ、１年後に再分離することとなった。

近畿地方は、近畿地方自動車局の６営業所（京都、水口、加茂、紀伊田辺、福知山、篠山）と中部地方自動車局から近畿に移った金沢、近江今津、穴水で、いったんＪＲ西日本（西日本旅客鉄道）に引き継がれ、１年後に再分離することとなった。

中国地方は、中国地方自動車部の11営業所（岡山、出雲、川本、黒瀬、海田市《かいたいち》、広島、岩国、大島、光、山口、秋吉）で、いったんＪＲ西日本に引き継がれ、１年後に再分離することとなった。

四国地方は、四国地方自動車部の８営業所（観音寺、川之江、松山、佐川、伊予大洲、鍛冶屋

原、土佐山田、窪川）で、ＪＲ四国（四国旅客鉄道）に引き継がれ、当面、同社の自動車事業部とすることになった。

九州地方は、九州地方自動車部の9営業所（直方、山鹿、鹿児島、山川、嬉野、臼杵、宮崎、都城、妻）で、ＪＲ九州（九州旅客鉄道）に引き継がれ、当面、同社の自動車事業部とすることになった。

◇

こうして１９８７年3月、国鉄バスは開業から57年の幕を閉じ、4月1日、全国6つの旅客鉄道会社の自動車事業部、「ＪＲバス」として、新たな道を歩み始めたのである。

【コラム】種村直樹が描いた1985（昭和60）年夏の国鉄バス

『さよなら国鉄 最長片道きっぷの旅』から

レイルウェイ・ライターの種村直樹氏は、1985年の6月から8月にかけて、鉄道1万2102・4㎞、バス5655・5㎞、航路113・0㎞からなる国鉄最長片道切符の旅を決行。これを『鉄道ジャーナル』誌に連載し、その後、実業之日本社発行の単行本としてまとめている。鉄道と航路のみの片道最長切符の旅は、1979（昭和54）年に宮脇俊三氏が著書として発表していた。しかし、国鉄バスを含めた企画は初めてのものであり、全国の国鉄バスの沿線模様とともに、分割民営化がせまった現場の雰囲気を知ることができる貴重な作品となっている。

国鉄の「旅客営業規則」（運送約款）では、連続した区間を片道1回乗車船する場合、それがひと筆書きになっていれば（環状線は一周を超えず、また途中で折り返さなければ）、運賃を通算した片道乗車券が発売されることになっている。この決まりを利用したものが、片道最長切符である。この「規則」には国鉄バスも含まれるが、それはたとえば、東京から東北本線で西那須野まで行き、国鉄バス塩原線に乗り換え塩原温泉まで行く、というような旅客を想定したもの。鉄道とバスを何度も乗り継ぎ、全国を旅する通しの乗車券など、前例がなかった。このため、当時の国鉄本社旅客局総務課と自動車局輸送課も協力する形で行程が考えられ、運賃や有効日数の算出も行われた。その結果、佐賀県の国鉄バス嬉野線竹下町《たけしたまち》バス停から、北海道の日高本線鵡川《むかわ》駅に至る、延べ69日間のコースが完成したのである。

◇

この作品が資料として貴重な点はまず、乗車したすべてのバスの称号が掲載されていることだ。たとえば、宮崎県の日肥本線では数少ない1形マイクロバスに乗っているし、〈ドリーム号〉では下ろしたての7形ハイデッカーに乗っている。当時、どの路線でどんな車両が活躍していたかを確認する手がかりとなる。また、南房州線では定期観光バス〈南房1号〉を使用しており、浅間白根火山線では西武バス、高速〈ヨーデル号〉では弘南バスが登場する。国鉄乗車券が適用される範囲や共通乗車のシステムなど、制度面についても知ることができるのだ。

さらに興味深いのが、現場の職員たちの姿だ。宮崎県の日向高崎線《ひゅうがたかざき》では、職員が沿線の家を一軒一軒まわってバス利用を呼びかけ、役場が乗車券・回数券の半額補助まで打ち出したのに、減便を重ねたダイヤでは「乗りたい時間にバスがない」と高校生にまで嫌われたと、運転士が無念を語っている。岐阜県の本郷線では、乗降調査マンが乗り合わせており、人のいないバス停に停めた運転士が、おかしい、ここらで2人はいつも乗る、雨の日に調査してくれたら絶対に増えると、半ば本気のような冗談を口にする。

圧巻は、コース中盤の47日目。福島県の川内線で、乗り込んだバスの運転士に声をかけられ、種村氏の母親が危篤であることを知らせるメモを手渡される。種村氏の知人が旅の行程を調べ、国鉄本社自動車局輸送課に頼み、関東地方自動車局、小野新町《おのにいまち》支所、運転士へと伝達されたのだ。よく自分を見つけてくれたと感謝する種村氏に、運転士は「いろいろ言われますが、これが国鉄の組織というもんです」と胸を張る。全国一元化組織「国鉄」で働く職員の「誇り」に、じんとくるシーンである。

第6章

高速バスを柱に躍進するＪＲバス各社

民間チームの一員として昼行高速バスを拡大

民営化初日の1987（昭和62）年4月1日、JR東日本は常磐高速つくば線東京〜つくばセンター間を開業した。常磐自動車道は〝つくば科学万博〟の開催を目前にした1985（昭和60）年1月に首都高速と接続され、同年中に日立北インターまで延長されていた。万博の開催によって発展が見込まれる筑波研究学園都市には、都心に直接アクセスできる交通手段がなかったため、つくば市に路線を持つ関東鉄道とともに、国鉄時代から計画を進めていた路線だった。

1日16往復でスタートしたところ、当初から高い乗車率となり、わずか5カ月後に30往復に増便。その後も増発が続けられた。並行する常磐線の鉄道旅客の転移が見込まれる路線を、民間事業者と共同運行で開始し、大成功させたJR東日本自動車事業部。これは、中国ハイウェイバスの開業以後、国鉄自動車局が抱えてきたジレンマを払拭する出来事といってよい。おそらくJRバス各社に大きなインパクトを与え、そのモチベーションを高めたに違いない。

7月1日には、同じJR東日本が中央高速岡谷線新宿〜岡谷間を開業している。中央高速バスは京王帝都電鉄を中心とした民間事業者により、すでに富士五湖線、甲府線、伊那・飯田線が運行されていた。伊那には国鉄バスも営業所と既存路線を持っており、伊那・飯田線開設の際、参入すべきとの声が自動車局にはあった。しかし、近代化の遅れていたローカル線の飯田線は、高速バス路線によって重大な影響を受けることが予想されたため、国鉄全体としては高速バスの開設に反対の立場をとり、高速バス運行の再検討を地元と運輸省に要請したという経緯があった。

諏訪・岡谷地区もまた、国鉄バスの路線エリアである。そして今度は競合相手がローカル線ではなく、サービスレベルの高い中央本線である。そこで国鉄は、民間グループの新宿発着に対し、独自に東京発着の高速バス路線を申請し、両者は競願となった。民間が育てた中央高速バスに国鉄を入れたくない民間グループと、民営化がせまり高速バスを拡大したい国鉄はともに譲らず、こう着状態のまま1年が経過。地元からの陳情により、京王と諏訪バスの2社で新宿～茅野（既存免許を活かした高速道路上のバス停）間の暫定路線を開始した上で、なおも調整が続けられた。結局、この2社と富士急行・山梨交通、そしてＪＲ東日本も共同運行に参加する形で、ようやく開業に至る。京王の運営する新宿高速バスターミナルから発車していく「つばめマーク」のＪＲバス。これはまさに、新しい時代を象徴する光景だった。

7月20日には、ＪＲ東海・ＪＲ西日本・名古屋鉄道・北陸鉄道の共同運行により、北陸ハイウェイバス名古屋～金沢線が開業。ここでも、ＪＲグループの2社と名鉄グループの2社の競願となり、調整が行われた結果、4社共同運行という形にまとまった。名神ハイウェイバスの開業から20年以上、それぞれに運行を続けてきた国鉄と名鉄グループ。名鉄バスセンターにＪＲバスが、名古屋駅ターミナルに名鉄バスが乗り入れる姿は、とても印象的深いものだった。

8月1日には、ＪＲ東日本が盛岡〜青森間〈あすなろ号〉を開業している。弘南バス・秋北バス・岩手県北自動車・岩手県交通との共同運行で、国鉄時代に運行開始した〈とわだこ号〉と〈ヨーデル号〉を合わせたチームとなった。ただし、この2つが東北新幹線接続路線の位置づけだったのに対し、〈あすなろ号〉は東北本線特急〈はつかり〉の競合路線とみなされた。そのため、開業当初は盛岡駅前ロータリーへの乗り入れが許されず、道路を挟んだ向かい側に発着した。

１９８８（昭和63）年4月1日、本州のＪＲバスが旅客鉄道会社から分離され、バス事業者としての営業を開始した。ＪＲ東日本１００％出資によるＪＲバス東北（商号上はジェイアールバス東北）、ＪＲバス関東（同ジェイアールバス関東）、ＪＲ東海１００％出資によるＪＲ東海バス（同ジェイアール東海バス）、ＪＲ西日本１００％出資による西日本ＪＲバス（同西日本ジェイアールバス）、中国ＪＲバス（同中国ジェイアールバス）の5社で、西に行くほど地名が前につく社名になった。

◇

一方、鉄道直営のまま2年目に入った北海道と九州のＪＲバスも、高速バスを自動車事業部の

5社共同運行の〈ポテトライナー号〉で活躍したＪＲ北海道の高速車

収益の柱にしようと、民間事業者のチームに加わり、高速バス路線の開設を進めていった。

北海道の高速道路には、北海道中央バスがネットワークを形成していた。そこでＪＲ北海道はまず、既存路線を持つ札幌・帯広の2都市間に高速バス路線を計画。1990（平成2）年3月、中央バス、北都交通、十勝バス、北海道拓殖バスとともに、〈ポテトライナー号〉の運行を開始した。中央バスとは以後、札幌～旭川間〈高速あさひかわ号〉、札幌～紋別間〈流氷もんべつ号〉をともに運行したほか、国鉄時代から独自に営業してきた札樽高速線札幌～小樽間を、中央バスと共同の〈高速おたる号〉に統一した。ＪＲバスにも中央バスの無線が搭載され、札幌ではＪＲバス乗り場から中央バスが、小樽では中央バス乗り場からＪＲバスが発車するようになった。

さらに、様似営業所を活用したＪＲ単独路線として、

4社共通の〝フェニックスカラー〟をまとったＪＲ九州の高速車

札幌～様似間〈高速えりも号〉と札幌～広尾間〈高速ひろおサンタ号〉もスタート。道南バスが独占していた日高地区に進出した。

九州の高速バスは、西日本鉄道を中心に共同運行が行われていた。JR九州が既存路線を持つ福岡・宮崎の2都市間には西鉄・九州産業交通・宮崎交通が〈フェニックス号〉を開業。地理的に大回りになる日豊《にっぽう》本線特急〈にちりん〉より安くて早く、人気が高まっていた。そこで1989（平成元）年7月、JR九州も〈フェニックス号〉に参入。赤一色のコーポレートカラーではなく、他の3社と同じ〝フェニックスカラー〟の専用車を投入した。福岡～鹿児島間〈桜島号〉は当初から西日本鉄道・南国交通・林田産業交通・鹿児島交通と共同で運行開始。車両は各社のカラーとなり、真っ赤なJRバスが、福岡市の西鉄天神バスセンターに乗り入れる姿が見られるようになった。

福岡から本州方面への路線として、宇部・山口までの〈福岡・山口ライナー号〉、徳山・光までの〈福岡・周南ライナー号〉、広島・福山までの〈広福ライナー号〉の運行を続けるほか、九州新幹線の全通に合わせ、これに接続する新八代《しんやつしろ》～宮崎間〈B＆Sみやざき号〉を開業している。

昼行路線の追い風はアクアラインと明石海峡大橋

ＪＲバス東北では〈あすなろ号〉以降、仙台を起点にした路線の開設を進め、青森、弘前、八戸、盛岡、花巻、江刺、秋田、湯沢、古川、米沢、福島、いわき、会津若松などを結ぶネットワークを完成。仙台、福島、郡山から新宿への路線も開業した。ＪＲバス関東も東北道に進出し、新宿～福島線に参加しているほか、会津若松線、那須・塩原線、佐野線などを運行している。常磐道ではつくば線に続いて、水戸、日立、いわき、常陸太田などへ路線を延ばし、東関東自動車道経由の鹿島線とともに盛況が続いている。

中央道では岡谷線以降、松本、高遠、清里へ路線を延ばすが、岡谷線以外は利用が伸びず、廃止されている。対照的に、関越道を利用した金沢線、小諸線、伊勢崎線、草津線はいずれも好調に推移。草津線の車両は前方に横3列配置の特別席「Gシート」を装備していた。

沿線５社との共同運行を行ったＪＲバス東北〈アーバン号〉

１９９７（平成9）年に開通した東京湾アクアラインは、東京・川崎・横浜と房総半島との距離をぐんと近づけ、多くの高速バス路線を生みだした。ＪＲバス関東も２０００（平成12）年、既存路線を持つ館山と東京とを直結する路線を開業。内房《うちぼう》線の特急〈さざなみ〉に比べ運賃が格安で、所要時間は変わらないため、当初の4往復から日東交通を加えて30往復にまで成長した。アクアラインの高速バス各線に乗客を奪われた特急〈さざなみ〉は、大幅に削減されている。前節でふれた福岡〜宮崎間と同様、高速道路のルートがバスの追い風になった好例といえよう。

１９９８（平成10）年に開通した明石海峡大橋は、さらに大きなインパクトをバス業界にもたらした。大阪・神戸と淡路島・四国との時間距離が大幅に短縮され、とくに関西〜徳島間の移動において、高速バスは鉄道に対し、運賃面だけでなく所要時間でも大きく優位に立つことになる。

西日本ＪＲバスはまず、架橋の影響を受ける船舶事業者が出資した本四海峡バスと共同で、東《ひがし》浦《うら》や洲本《すもと》など淡路島島内へ、ＪＲ四国を加えて、徳島や阿南など徳島県内への路線を運行開始。続いて、四国内の高速道路の延伸に合わせる形で、ＪＲ四国などとともに高松、観音寺、松山、高知など四国全域に路線を延ばした。

ＪＲ四国も、徳島、高松、松山、高知の4都市を高速バスでネット。これによって役割を終えた松山高知急行線の〈なんごく号〉が運行を終了している。

明石海峡大橋よりひと足早く１９８８（昭和63）年には瀬戸大橋が開通。岡山・倉敷〜高松・琴平間に瀬戸大橋特急バスが開業し、中国ＪＲバスとＪＲ四国も参加した。この路

瀬戸大橋共通デザインにつばめマークをあしらったＪＲ四国の高速車

広島～出雲間の〈みこと号〉には特急便〈スーパーみこと号〉も

線は鉄道と完全に並行しており、開通ブームが去ると休止になるが、後に開設した岡山～高知間と岡山～松山間は好調が続いている。しまなみ海道を経由する広島～松山線も、同じＪＲ２社が加わって運行を開始。しかし、高速船に比べ大回りで時間を要するため、利用が振るわず半年で姿を消した。

中国ＪＲバスは、広島と出雲、大田《おおだ》、江津《ごうつ》、浜田を結ぶ国鉄時代からの陰陽連絡路線を高速道路経由にしたほか、京都、大阪、神戸、岡山と出雲とを結んでいる。また、大阪～岡山間、京都・大阪～広島間、岡山～広島間など、山陽本線・山陽新幹線の補完的な路線も新たに開始した。

西日本ＪＲバスとＪＲ東海バスは、東名・名神・中国・北陸ハイウェイバスの強化とその沿線への路線開設を手堅く行いながら、大阪～白浜線、京都～小浜線、名古屋～高山線などを展開した。また、四国系統の車両の運用間合い（所定運用の間の時間）を利用して、大阪・新神戸～有馬温泉間を開業した。

池袋・名古屋・京都まで結んだ西日本ＪＲバス金沢営業所の高速車

◇

ところで、明石海峡大橋関連の路線には、短絡による所要時間の短縮効果をさらにアップする裏技がある。それは大橋の付け根、ＪＲ山陽本線舞子駅と山陽電鉄舞子公園駅の真上にある高速舞子停留所の存在だ。四国・淡路島方面からの乗客は、ここで鉄道に乗り換えることによって、阪神間の都市高速の渋滞を避け、目的地への到着時間を確実にすることができるのだ。

首都高速の慢性的な渋滞に悩むＪＲバス関東は、この鉄道への乗り継ぎという方法を応用。まず２００９（平成21）年4月から、つくばエクスプレス八潮駅に近い八潮パーキングエリアで、常磐道の各線からつくばエクスプレスに乗り継ぐと、八潮～秋葉原間が１００円で利用できるシステムを採用した。２０１１（平成23）年10月には、用賀駅に近い用賀パーキングエリアで、東名高速の各線から東急田園都市線に乗り継ぐと、用賀～渋谷間が１００円で利用できるよう改善を図っている。

夜行路線にはＪＲバスネットワークをフル活用

ＪＲバスが発足した当時は、阪急バス・西日本鉄道の大阪～福岡間〈ムーンライト号〉や京浜急行電鉄・弘南バスの品川～弘前間〈ノクターン号〉の成功にならい、都市間を結ぶ長距離夜行高速バスのネットワークが、全国に広がりつつあった。両都市の事業者が共同で運行を行い、営業所などの設備を相互に使用。トイレつき3列シートのスーパーハイデッカーを投入し、２人の乗務員が交互にハンドルを握る〈ムーンライト号〉や〈ノクターン号〉のスタイルが、夜行高速バスのスタンダードとなった。東名ハイウェイバス〈ドリーム号〉で夜行バスの実績を積んできたＪＲバスも、時代のトレンドを取り入れながら、新たな夜行高速路線を展開していった。

ＪＲバスの最大の特徴は、全国にグループ会社を持っていることである。このため各地の地元事業者との共同運行だけでなく、グループ同士で相互の設備が活用できる有利な環境にあった。たとえばＪＲバス関東は、ＪＲバス東北と東京～青森間、東京～盛岡間、ＪＲ東海バスと東京～伊良湖岬間、西日本ＪＲバスと池袋～金沢間、中国ＪＲバスと東京～広島間、ＪＲ四国と東京～高松間、東京～松山間、東京～高知間などを運行開始。またＪＲ東海バスは、中国ＪＲバスと名古屋～広島間、ＪＲ四国と名古屋～高松間、ＪＲ九州と名古屋～福岡間などを開業した。

　1991（平成3）年3月、ＪＲバス関東はサンデン交通との共同運行により、東京〜下関間〈ドリームふくふく号〉の運行を開始した。この路線の所要時間は当時、日本最長の14時間30分だったため、夜行バス初のダブルデッカーが使用され、乗客サービスとして1階にサロンスペースが設けられた。そうした話題性もあり、当初は高い乗車率を示したが、次第に採算が悪化したことから、2000（平成12）年9月、ＪＲバス関東は中国ＪＲバスへと運行を引き継いだ。

初めてダブルデッカーを使用したＪＲバス関東〈ドリームふくふく号〉

　路線バスの規制緩和やツアーバスの出現などにより、運賃の値上げが望めない中、2000年代に入ると、夜行高速バスのコストダウンが図られる。最初に取り組まれたのが、管理の受委託によるワンマン化である。第4章でふれたように、〈ドリーム号〉では当初から、静岡や三ケ日で東西の乗務員が交代し、ワンマン運行を行ってきた。京都系統や大阪系統では民営化後、ＪＲバス関東と西日本ＪＲバスが管理の受委託の契約を結び、車両の所属事業者の如何にかかわらず、三ケ日から東はＪＲバス関東の乗務員、西は西日本ＪＲバスの乗務員が運転を担当する形になった。

ＪＲバス関東はこの方法を他路線にも適用。東京～青森線や東京～八戸線の仙台宮城インターチェンジ以北の運行をＪＲバス東北に委託した。ＪＲ東海バスも、名古屋～広島線の吉備サービスエリア以西を中国ＪＲバスに、名古屋～松山線の徳島駅以西をＪＲ四国バスに委託した。

当初は全線を新居町営業所が担当したＪＲ東海バス〈伊良湖ライナー号〉

次に取り組まれたのが、地方側の事業者への路線の移管である。大都市と地方都市の事業者が共同運行を行っている場合、大都市の事業者のほうが人件費や物件費などがかさむ。このため、ＪＲバスに限らず、協力関係は残しながらも、実際の運行は地方側の事業者のみが行う形が増えていく。前述の東京～下関線は運行事業者が入れ替わった特異なケースだが、ＪＲバス関東はこのほか、東京～広島間を中国ＪＲバスに、東京～青森間をＪＲバス東北に任せて撤退した。

さらに、２０００年代に入って開業した夜行高速バスについては、当初から地方側の事業者のみが運行を担当。大都市側の事業者は、駐泊先の提供と発券業務などのサポートを行う形になった。ＪＲバス東北と中国ＪＲバスにこのパターンが多く、新宿〜仙台線、新宿〜山形線、東京〜古川線、横浜〜福島線、横浜〜秋田線と昼行数路線をＪＲバス東北が、名古屋〜出雲線、神戸〜出雲線、大阪〜呉線と昼行数路線を中国ＪＲバスが、それぞれ1社だけで運行している。

◇

こうした厳しい環境の中で、地方事業者自身にもいっそうのコストダウンが求められることになった。しかし、北海道、九州、四国のＪＲバスは、鉄道との一体経営により、他の地元バス事業者に比べて高コストな構造となっていた。また意思決定の迅速さにも欠けていたことから、３社のＪＲバスを鉄道会社から分離し、経営体質の改善を図ることになった。こうして、２０００年にはＪＲ北海道バス（ジェイ・アール北海道バス）、２００１（平成13）年にはＪＲ九州バス（ジェイアール九州バス）、２００４（平成16）年にはＪＲ四国バス（ジェイアール四国バス）が、それぞれ鉄道会社１００％出資のバス事業者として営業を開始している。

東名阪の〈ドリーム号〉はプレミアムorリーズナブルに二極化

〈ドリーム号〉に採用されたベルギー・ヨンケーレ製のダブルデッカー

全国的な夜行高速バスの開業ラッシュの中で、東名阪の〈ドリーム号〉も運行系統のラインナップを充実させていった。既存系統の起終点の延長や新設系統の運行が積極的に行われ、関西圏・中京圏・首都圏の発着地を拡大して、潜在需要の掘り起こしと取り込みに努力が払われた。

関西圏の拡大は１９８８（昭和63）年、東京〜京都系統を延長する形で東京〜奈良間〈ドリーム奈良号〉を運行開始したのが最初となる。翌年には東京〜神戸間〈ドリーム神戸号〉が復活。このとき、既存の〈ドリーム号〉は〈ドリームなごや号〉〈ドリーム京都号〉〈ドリーム大阪号〉と呼び分けられた。新宿駅新南口ターミナルが開設されると、東京・新宿〜堺間〈ドリーム堺号〉を南海電気鉄道とともに開業。この路線は初めて中央道経由で設定された。南海とはその後、東京〜難波間〈ドリームなんば号〉、東京〜和歌山間〈ドリーム和歌山号〉も共同運行している。

２０００年代に入ると、ＯＣＡＴ（大阪シティエアターミナル）、ＵＳＪ（ユニバーサル・スタジオ・ジャパン）、天王寺など大阪市内の発着地を次々に追加。神戸系統は三ノ宮発着に変更されて一部が宝塚を経由し、奈良系統は王寺まで延長された。

京急バスとお揃いのカラーをまとった〈ラメール号〉専用車

なお、中央道経由は〈ニュードリーム号〉と名づけられ、新宿～大阪間、新宿～京都間、新宿～名古屋間、新宿～神戸間が相次いで開業した。京都・大阪・神戸線は小黒川《おぐろがわ》パーキングエリア、名古屋線は諏訪湖サービスエリアで、関東と西日本・東海の乗務員の交代が行われている。

中京圏では〈ドリームなごや号〉の一部を岐阜まで延長し、岡崎・豊田・瀬戸経由の〈ドリームとよた号〉を新設。国鉄バス発祥地の岡多線を走る〈ドリーム号〉である。また、東京～伊良湖岬間〈伊良湖ライナー号〉を豊橋鉄道とともに開業。ＪＲバス関東が撤退すると、初めてＪＲグループ以外との管理の受委託を行い、車両の所属事業者にかかわらず、静岡以東はＪ

R東海バスの乗務員、以西は豊橋鉄道の乗務員が運転した。さらに、東京～静岡・浜松間〈ドリーム静岡・浜松号〉、東京～知多半田間〈知多シーガル号〉、東京～岡崎・三河安城・名古屋間〈ドリームなごや・三河号〉、静岡・浜松～京都・大阪・三宮間〈京阪神ドリーム静岡号〉も加わっている。

一方、首都圏の拡大は横浜発着から開始され、まずは横浜～名古屋間〈ラメール号〉を京浜急行電鉄とともに開業。後に相手を京成電鉄に替え、西船橋・TDR（東京ディズニーリゾート）・横浜～名古屋間〈ファンタジアなごや号〉となった。続いて横浜～大阪間〈ハーバーライト大阪号〉、横浜～京都間〈ハーバーライト京都号〉を神奈川中央交通とともに運行開始。こちらは後に統合され、西日本JRバス単独の横浜～京都・大阪間〈ハーバーライト号〉となった。〈ドリーム京都号〉と〈ドリーム大阪号〉もTDRに乗り入れたほか、新木場《しんきば》・池尻大橋《いけじりおおはし》・谷保《やほ》など都内の発着地が追加された。

さらに、三ノ宮・大阪・京都～立川・所沢・大宮間〈京阪神ドリームさいたま号〉を西武バスとともに開業。近江鉄道が撤退した大津・彦根～池袋・大宮間は〈びわこドリーム号〉として、西武観光バスとの運行を開始した。この路線でも受委託による三ケ日交代が行われたため、〈伊良湖ライナー号〉同様、JRバスの乗務員がJRバス以外のハンドルを握る珍しい例となった。

〈つくば号〉から転用した「メガライナー」による〈青春メガドリーム号〉

なお、新名神高速道路の供用開始に伴って、中国道まわり宝塚停車の神戸系統を除く東名高速経由の各路線は、名神高速から伊勢湾岸道・新名神高速へのルート変更が行われている。

◇

〈ドリーム号〉には民営化直前にスーパーハイデッカーが導入されており、１９９０（平成2）年の京都・大阪・奈良線から独立3列シートが採用された。しかし、29人乗りでは週末を中心に輸送力が不足したため、翌年の大阪・神戸線から順次、38人乗りのダブルデッカーに置き換えられていった。２０００（平成12）年には京都・大阪線に女性専用席「レディースシート」を設置。好評を博したことから、女性専用車〈レディースドリーム大阪号〉〈レディースドリーム京都号〉〈レディースドリームなごや号〉を、正規便の増車扱いとして設定している。

乗合バスの規制緩和を控えた２００１（平成13）年には、４列シート車を使用して運賃を６４

20円から5000円に下げた〈青春ドリームなごや号〉、同じく4列シート車で運賃を8610円から5000円に下げた〈青春ドリーム大阪号〉の運行を開始した。これが人気を集めたため、京都・奈良・神戸線に拡大するとともに、大阪線にはつくば線から転用した86人乗りダブルデッカー「メガライナー」による〈青春メガドリーム号〉の運行を開始した。

2000年代に入ると、全国的にツアーバスの台頭が顕著になった。ツアーバスは貸切バスであり、乗合バスとはコスト構造が異なるため、きわめて安価な料金を設定した。併せて、インターネットを活用した巧みな営業を行い、若年層を中心に急速にユーザーを増やしていった。TDRやUSJにアクセスし、若年層の利用が多い〈ドリーム号〉は、深刻な影響を受けた。そこで、電話予約と駅などの窓口販売中心の戦略を改め、2006（平成18）年からインターネット予約システム「高速バスネット」を導入。JR全社の高速バス路線に拡大していった。

車両設備と運賃面でも、東京〜大阪間においてツアーバスへの挑戦を行った。ひとつは、トイレなし55人乗りの車両を使用し、運賃を4200円に設定した上、満席で補助席を使用する際は2100円という〈超得割青春号〉。もうひとつは、座る座席から眠る座席「スーパーシート」に変更し、マイナスイオンを供給する空気清浄器や消臭カーテンを装備して、運賃をプラス300円の8910円とした〈スーパードリーム号〉。そして、2階には「スーパーシート」、1階にはわずか4人分、2列配置の超ワイド席「プレミアムシート」を備え、2階を8910円、1階をさらにプラス1000円の9910円とした〈プレミアムドリーム号〉の運行である。

その結果、〈ドリーム号〉の利用者は、車両設備を問わずツアーバス並みの運賃を求める層と、快適な車両設備であれば割高な運賃でも受け入れる層に二極化した。このため関西系統には、ピッチを詰めた4列シートの〈青春エコドリーム号〉、1台にプレミアム・3列・4列シートを配した〈プレミアムエコドリーム号〉などの車両が増備され、〈超得割青春号〉は廃止された。

こうして多様化したサービスを多くの利用者に提供するため、ほとんどの〈ドリーム号〉が関西圏で複数の都市に停車するようになった。そこで、ドリーム号の名称から「京都」や「大阪」などの発着地名を外し、「プレミアム」や「青春エコ」などのサービスタイプだけをつけたものにした。また、中央道経由は〈ニュードリーム号〉から〈中央ドリーム号〉に変更している。

名古屋系統でも、1階に「プレミアムシート」を設置した車両、2階前部に3列でピッチの広い特別席「ビジネスシート」を設置した車両が稼働を開始。名古屋系統の中央道経由は〈ドリームなごや新宿号〉と名づけられた。また、名神ハイウェイバスの夜行便ともいえる〈青春大阪ドリーム名古屋号〉が、名古屋・岐阜～京都・大阪・ＵＳＪ間に走り始めている。

なお、〈青春ドリーム号〉は東名阪以外に、東京～金沢線、京都～広島線でも運行を開始。「プレミアムシート」は東京〜高松・松山・高知線のJR四国バス車両、東京〜徳島線のJRバス関東車両にも装備された。さらに、東京・横浜〜岡山線の中国JRバス車両は、スーパー・3列・4列シートを1台に配したものとなっている。

東名阪の昼行便は都市間直行タイプが人気に

東名ハイウェイバスでは1988（昭和63）年、民営化後初のダイヤ改正が行われ、向ケ丘、御殿場、富士、静岡、吉田、浜松と名古屋市内のみに停車する〈東名ライナー号〉6往復が登場。名神へ直通する浜松〜京都系統2往復が新設された。1999（平成11）年には超特急〈スーパーライナー号〉が設定され、JRバス関東の洗車や回送業務などを行っていた子会社のJRバステックが、2005（平成17）年から〈スーパーライナー号〉の一部の運行を担当している。

2001（平成13）年には中央道経由で、新宿〜名古屋間〈中央ライナー号〉の運行を開始。翌年には新宿〜中津川系統1往復が追加され、多治見系統、瀬戸系統へと延長されていった。

一方、名神ハイウェイバスでは1988年、日本急行バスが名古屋〜神戸系統を復活し、ベンツ製車両「ベンツ特急」を投入した。続いて名阪近鉄バスも参入し、3列シート車両「ポートクイーン号」を走らせた。USJが開園した2001年には、大阪系統の一部の便が乗り入れてい

東名から名神に直通したＪＲ東海バスの浜松〜京都系統

東名ハイウェイバスに加わったＪＲバステックの〈スーパーライナー号〉

る。２００２（平成14）年には京都・大阪系統の急行便が廃止され、急行のみが停車していたバス停のほとんどが廃止された。また、京都系統はＪＲ２社と名古屋観光日急・名阪近鉄バスの共同運行となり、ＪＲバスも名鉄バスセンターに乗り入れるようになった。神戸系統のほうは２００６（平成18）年から、ＪＲ２社と名古屋観光日急の共同運行となっている。

２００１年には、東京〜大阪間〈東海道昼特急大阪号〉４往復の運行を開始した。乗合バスの規制緩和を前に、日中、営業所で遊ぶ〈ドリーム号〉のダブルデッカーを活用。運賃６０００円の昼行便を提供したものだ。所要８時間を超える昼行便の需要は懸念されたが、若年層やリタイア世代を中心に大人気となり、増発が繰り返された。さらに、〈中央道昼特急京都号〉〈中央道昼特急大阪号〉〈東海道昼特急京都号〉〈横浜昼特急大阪号〉が新設され、〈プレミアムドリーム号〉

車両を使った割増運賃の〈プレミアム昼特急号〉と〈青春ドリーム号〉車両を使った格安運賃の〈青春昼特急号〉も加わった。新名神高速道路が開通すると、東名高速経由の系統を名神から新名神ルートに変更。さらに、京都系統が廃止され、大阪系統の一部が京都経由となっている。

全国的に都市間高速バスのネットワークが形成されるにつれ、東名阪でも都市間直行のニーズが高まっていった。高速道路上の停留所はなるべくノンストップで通過し、高速道路沿線の各都市に乗り入れ、町の中心部に直接アクセスできる路線が望まれるようになった。

そのため２０００年代になると、東名・名神や中央道の沿線事業者と共同で、東京・新宿・名古屋・大阪と沿線都市とを直結する路線の開設が進められている。ＪＲバス関東は富士急行と河口湖線を、富士急シティバスと沼津線を、富士急静岡バスと富士宮線・富士線を、しずてつジャストラインと清水線・静岡線を、東濃鉄道と新宿〜可児《かに》線を開業。ＪＲ東海バスは京王バス東と新宿〜静岡線・新宿〜浜松線を、山梨交通と甲府〜名古屋線を運行開始し、富士急山梨バスの河口湖〜静岡線を引き継いだ。西日本ＪＲバスは遠州鉄道と浜松〜大阪線を開業している。

東名ハイウェイバス自体にも２００６年、江田〜名古屋インター間無停車の〈ノンストップライナー号〉を設定。超特急便〈スーパーライナー号〉、特急便〈東名ライナー号〉、急行便との４種別に整理され、浜松〜京都間の特急便が廃止された。また、２００９（平成21）年には新宿〜

新名神高速経由で運行される名神ハイウェイバス超特急便

岡崎・名古屋間〈新宿ライナー三河・なごや号〉の運行を開始した。２０１２（平成24）年には〈ノンストップライナー号〉と〈新宿ライナー三河・なごや号〉を代替する形で、新東名経由の直行便〈新東名スーパーライナー号〉3往復が登場。すると、″新東名人気″も手伝い利用者が急増したため、２０１３（平成25）年3月から5往復に増便されている。〈ドリームなごや号〉に投入された「プレミアムシート」設置車両は〈スーパーライナー号〉に、「ビジネスシート」設置車両は〈新東名スーパーライナー号〉に運用され、好評を得ている。また、〈中央ライナー号〉のほうは瀬戸系統が廃止され、名古屋系統3往復が東京・新宿〜名古屋間に運行されている。

名神ハイウェイバスでも２００８（平成20）年、京都・大阪系統に新名神経由の超特急便が登場し、神戸系統は全便が新名神経由に変更された。新名神高速上に土山《つちやま》バスストップが新設されている。大阪系統では名鉄観光バスが撤退したほか、一部の便がOCATに乗り入れている。

なお2013年3月、東名・名神ハイウェイバスと〈ドリーム号〉がマルスから削除され、「みどりの窓口」での発売が終了した。国鉄鉄道線の「補完」のために開業し、鉄道とともに歩んできた東名・名神高速線が、高速バス独自のインターネット予約システムを利用した営業に全面的にシフトしたことは、大きな時代の流れを象徴する出来事といってよいだろう。

興味が尽きないJRバス関東の乗務員運用

先にふれたように、中央道経由の〈ニュードリーム号〉では、東西の乗務員が諏訪湖サービスエリアと小黒川パーキングエリアで交代した。これにより、JR東海バスの乗務員は下諏訪支店（現・中央道支店諏訪営業所）、西日本JRバスの乗務員は伊那支店（現・中央道支店）で休憩や仮眠をとることになった。また、JRバス関東のほうは下諏訪支店と伊那支店が〈ニュードリーム号〉を担当。両支店の乗務員が深夜や未明に出退勤し、運行にあたった。

〈ドリーム号〉を中心に強化されていく東名ハイウェイバスと新たに開業する高速バス路線のすべてを、東京支店だけでまかなうことはできない。そのため、路線やダイヤごとに担当支店を決め、運行業務の分散化が図られた。ローカル路線を抱える地方の支店にとっては、高速バスの運行を担当することで、支店の売上・利益を向上させることができるというメリットもあった。

伊那支店は〈ニュードリーム号〉など、小諸支店は関越高速線、棚倉支店（現・白河支店）は東北高速線を、それぞれ最寄りのサービスエリア・パーキングエリアで乗り継いで担当。諏訪支店は中央高速線、土浦・水戸・烏山支店（２００６［平成18］年に宇都宮支店と統合）は常磐高速線、八日市場支店は東関東道高速線を東京まで運行した後、〈ドリーム号〉などの各高速路線を担当した。長野原・館山・西那須野・宇都宮支店の乗務員は当初、電車で上京し、高速バスに乗務していたが、乗務員の送り込みをより効率良く行う目的もあり、新宿～草津温泉間〈上州名湯めぐり号〉（現・〈上州ゆめぐり号〉）、東京～館山間〈房総なのはな号〉、新宿～塩原温泉間〈もみじ号〉（現・〈那須・塩原号〉）、新宿～宇都宮間〈マロニエ新宿号〉が相次いで開業した。現在は、アクアライン経由の大ヒット路線に成長した〈房総なのはな号〉だが、その開設の裏に実はこんな理由もあったのだ。

さらに、２００９（平成21）年11月には佐野支店が開設される。湘南新宿ラインなどの鉄道線との競合に対応できるように、主に東北高速各路線を支える新たな拠点として、隣接する佐野新都市バスターミナルとともにオープンしたものだ。佐野支店はまた、東京支店の高速バス管理機能の一部を代替する目的も持ち、東北高速線と東名高速線を中心に多くの高速バス路線を担当している。

ここで、佐野支店の乗務行路（行路は一勤務で乗務する便・区間の順を表す）の一例を紹介してみよう。高速バスを効率的に運行するため、地方支店を活用したJRバス関東の〝乗務員運用〟は、興味が尽きないものである。

たとえば「13行路」は佐野支店を5時50分に出庫。佐野5時55分発〈マロニエ新宿2号〉でスタートする。7時35分に新宿に着くと、休憩ののち、新宿9時20分発〈駿府ライナー3号〉として運行し静岡12時38分着。とちぎナンバーの車両のまま静岡まで行くのだ。しずてつジャストライン鳥坂営業所に回送して休憩し、帰路は静岡15時発〈駿府ライナー20号〉を担当。新宿に18時12分に着いた後、車両を佐野支店の「3行路」に引き継ぎ、乗務員は〈上州ゆめぐり14号〉で新宿に着いた長野原支店の所属車の回送に便乗し、東京支店へ向かう。ここで1日目は宿泊となる。

翌日は別の佐野支店車両を新宿に回送し、新宿8時10分発〈マロニエ新宿1号〉を運行した後、いったん佐野支店に入庫。車両を「12A行路」に渡し、別の車両を準備、点検して、佐野14時15分発〈マロニエ新宿102号〉、折り返し新宿17時50分発〈マロニエ新宿101号〉を担当、19時25分に入庫して勤務終了となる。

また「14行路」であれば、佐野支店を7時50分に出庫。佐野7時55分発〈マロニエ新宿8号〉でスタートし、9時35分に新宿に着くと、車両を佐野支店の「18B行路」に渡す。別の佐野支店の

〈プレミアムドリーム号〉の西日本車も三ケ日以東は関東の運転士が担当

車両を「18A行路」から受け取り、新宿13時発〈あぶくま7号〉に乗務して郡山16時52分着。福島交通郡山支社に回送して宿泊となる。翌日は郡山を5時50分発〈あぶくま2号〉で出発し、7時54分に佐野サービスエリアに到着。車両を「3行路」に引き継いで、社用車で8時21分に佐野支店に戻って終了だ。

佐野支店の乗務員はこのほか、〈マロニエ東京号〉や〈那須・塩原号〉、関越道の新宿～伊勢崎線なども担当。さらに、東名高速の〈東海道昼特急号〉や〈ドリーム号〉では佐野支店の車両ではなく、東京支店と西日本ＪＲバスのダブルデッカーに乗務している。〈昼特急号〉などは車両運用の効率化に加え、〈ドリーム号〉で深夜に交代した乗務員を翌日の深夜まで現地に置かず、翌日の日中のうちに折り返し運行させることで乗務員運用の効率化も成し遂げているのである。

なお、高速バス路線の多くが仙台に発着するＪＲバス東北でも、青森・盛岡・秋田支店の乗務員が仙台発着路線の担当をシェアしている。また、首都圏～北東北間の路線を福島や仙台で乗り継ぐことにより、ワンマン化を図っている。同じように中国ＪＲバスも、岡山支店を活用した吉備サービスエリアでの乗り継ぎにより、名古屋・大阪～広島間の路線をワンマン運行している。

高速バスのコストダウンが求められる中、ＪＲバス各社はそのネットワークのメリットを活かし、安全性を損なうことなく効率化を実現している。そしてそれが、ＪＲブランドの高速バスに対する利用者のゆるぎない信頼につながっているのである。

進化したＪＲバス各社の高速バス車両

１９７０年代に東名ハイウェイバスで採用された、後部トイレつき40人乗り（またはプラス補助席つき）という中長距離路線の仕様は、10年以上にわたって踏襲されてきた。しかし１９８０年代に入り、全国に相次いで開業した夜行高速バスでは、スーパーハイデッカーの中央階下にトイレと乗務員仮眠室を配置、独立3列シート・29人乗りという仕様がスタンダードとなり、ＪＲの夜行高速路線にもこれにならった車両が採用された。さらに、１９９１（平成3）年に運行を開始した東京～下関線〈ドリームふくふく号〉には、夜行高速バス初となるダブルデッカーを導入。14時間を超える所要時間を快適に過ごせるよう、1階をサロンスペースとした車両であった。

東京～関西間の元祖〈ドリーム号〉にも、１９９０（平成2）年に独立3列シート・29人乗りのスーパーハイデッカーが採用されたが、利用者の多い週末を中心に輸送力不足に陥った。そのため翌年から、2階・1階とも3列シート・計38人乗りのダブルデッカーが投入され、4列シート車並みの定員確保が行われた。２０００年代に入ると、乗客ニーズの二極化に対応し、格安運賃用の4列シート車、割増運賃の特別席を設けた3列シート車が、その数を増やしていった。

その他の夜行高速バスでも、乗車率の高い路線にはダブルデッカーが投入されたが、引き続きスーパーハイデッカーが使用されてきた路線も少なくない。そうした路線では近年、ワンマン運行を前提に乗務員仮眠室を廃止し、独立3列シートながら後部トイレつきのハイデッカーが採用されるようになり、車両のコストダウンが進められている。

一方、昼行高速バスでも１９８０年代後半、好景気を背景に車両のグレードアップが進み、スーパーハイデッカーや3列シートも採用されるようになった。ＪＲバスでも、共同運行における車種統一の中で、一部路線にスーパーハイデッカーを投入している。しかし、夜行バス車両の有効活用を目的とした〈昼特急号〉を除けば、一般的にはトイレつき4列シートのハイデッカーが主力であり、中国ハイウェイバスや広島近郊路線、札樽高速線などの所要時間が短い路線では、トイレなしのハイデッカーも使用されている。また２０００年代後半から、予約指定制・予約定員制の路線を中心に、補助席を廃し、横幅を広げたワイドタイプのシートが採用されている。

夜行バスのスタンダードモデル644-0951（三菱U-MS729Ｓ）

昼行用ながら３列シートのスーパーハイデッカー741-0901（いすゞU-LV771R）

◇

では、ＪＲ各社の高速バス車両を紹介しながら、昼行便・夜行便それぞれの仕様のバリエーションについて解説してみたい。

●いすゞＵ－ＬＶ７７１Ｒ（ＪＲ九州バス〈桜島号〉）

１９８０年代後半の九州島内の長距離路線では、昼行便にも２＋１の３列シートを持つスーパーハイデッカーの採用が相次いだ。ＪＲ九州バスが参入した〈フェニックス号〉〈桜島号〉もこの仕様。〈フェニックス号〉には４社共通カラーの三菱＋西日本車体製ボディ、〈桜島号〉にはコーポレートカラーの赤一色に塗装された、いすゞ＋富士重工製ボディの専用車が、それぞれ３台ずつ用意された。

●三菱Ｕ－ＭＳ７２９Ｓ（中国ＪＲバス〈ニュープリーズ号〉）

１９９０年代初めの夜行高速バス車両として、圧倒的なシェアを誇った三菱製スーパーハイデッカーのエアロクィーンＭ。中央トイレつき・独立３列シート・29人乗りという仕様は、当時の夜行バスのスタンダードとなった。昼行用も含めると、同型車はＪＲグループ全社で

前部に６席の「Ｇシート」を装備した
H651-05407（いすゞKL-LV774Ｒ２）

〈東名ライナー号〉にも使用された
744-1997（三菱U-MU525TA）

活躍。中国ＪＲバスでは、〈ニュープリーズ号〉〈セレナーデ号〉〈くにびき号〉などに使用されていた。

●三菱Ｕ－ＭＵ５２５ＴＡ（ＪＲ東海バス〈東名ライナー号〉）

１９９１年から〈ドリーム号〉に導入されたダブルデッカーは、停留所の少ない昼行便〈東名ライナー号〉にも使用され、後に〈昼特急号〉へと活躍の場を広げていく。当時、唯一の国産ダブルデッカーだった三菱エアロキングのほか、ベルギーのヨンケーレ、ドイツのネオプラン、スウェーデンのボルボ（最後部のみ2階建てのセミダブルデッカー）など、輸入モデルも採用された。

●いすゞＫＬ－ＬＶ７７４Ｒ２（ＪＲバス関東〈上州ゆめぐり号〉）

ＪＲバス関東・ＪＲバステックでは２００５（平成17）年、昼行便に幅とシートピッチを拡大した「楽座シート」を採用。また、前部2列に横3列の特別席「Ｇシート」を配した車両を導入した。富士宮線〈やきそばエクスプレス〉から草津線〈上州ゆめぐり号〉に転用され、大好評を得てさらに増備。昼行便に割増運賃の特別席を設けるサービ

1階を「プレミアムシート」に改造した694-4959（三菱MU612TX）

トイレなしのスーパーハイデッカー647-5986（日野ADG-RU1ESAA）

スは、JR以外の事業者にも波及した。

●日野ADG-RU1ESAA（西日本JRバス〈超得割青春号〉）

同じく2005年、ツアーバスへの対抗戦略として、格安の運賃設定を行った〈超得割青春号〉を新宿～大阪間で運行開始した。〈超得割青春号〉に使用されたのは、トイレなし・補助席つき・55人乗りという貸切バスタイプの車両。満席時に補助席を利用すると、新宿～大阪間2100円という運賃が話題になった。西日本JRバスでは、専用のスーパーハイデッカーを新製した。

●三菱MU612TX（JR四国バス〈ドリーム高知号〉）

2005年にはさらに、ダブルデッカーの1階に2列配置の超ワイド席「プレミアムシート」4席を設けた〈プレミアムドリーム号〉も、東京～大阪間で運行開始した。このシートは大人気となり、JR四国バスでも既存のダブルデッカーの1階を本革張りの「プレミアムシート」3席に改造。2008（平成20）年から〈ドリーム高知・松山号〉〈ドリーム高知号〉で使用開始した。

ハイデッカーに独立3列シートを配した H674-11404（三菱LKG-MS96VP）

〈高速おたる号〉用として新製された648-5902（日産ディーゼルADG-RA273RBN）

●日産ディーゼルＡＤＧ－ＲＡ２７３ＲＢＮ（ＪＲ北海道バス〈高速おたる号〉）

所要1時間ほどの〈高速おたる号〉ではトイレなしのハイデッカーが活躍。北海道では少数派の日産ディーゼル＋西日本車体製ボディの専用車2台を新製したほか、首都圏のリムジンバスやＪＲ東海バスの高速車も中古購入して使用している。中国ハイウェイバスを担当する西日本ＪＲバス、広島発着の短距離路線を持つ中国ＪＲバスにも、トイレなしの高速バス車両が見られる。

●三菱ＬＫＧ－ＭＳ９６ＶＰ（ＪＲバス東北〈ラ・フォーレ号〉）

独立3列シートのスーパーハイデッカーを使用してきた夜行バスでは、車両置き換えの際、ハイデッカーを選択する例が近年増えている。シートレイアウトはそのままに、トイレを中央階下から後部へと移動。乗務員仮眠スペースも後部に設置するか、ワンマン化により廃止している。東京～青森間の〈ラ・フォーレ号〉は、途中仙台で乗務員交代を行うことでワンマン化された。

【ルポ】〈ドリーム高知号〉（JR四国バス）1991（平成3）年運行開始

「海を越えた〈ドリーム号〉に魅惑のプレミアムシート」

瀬戸大橋の開通により、JRの夜行高速バス〈ドリーム号〉が海を越えたのは1989（平成元）年。東京〜高松間の〈ドリーム高松号〉が最初だった。東京〜高知間を結ぶ〈ドリーム高知号〉は2年後の1991年に開業。2001（平成13）年には、新たに開通した明石海峡大橋と徳島道を経由するルートに変更され、翌年、ダブルデッカーが導入された。さらに2008（平成20）年、〈ドリーム大阪号〉で人気を集めていた〝プレミアムシート〟が設置されている。JR四国バスが誇る本革張りのシートに包まれ、プレミアムな一夜を過ごしてみたい。

◇

「わしゃ乗り換えが面倒やから、いつもコレや。電車やと2回乗り換えなあかん」と、年嵩《としかさ》の紳士。20時過ぎ、東京駅八重洲南口のJR高速バス待合室で、隣り合わせた婦人と会話をはずませていた。この後、1時間の間に、四国4県への〈ドリーム号〉が次々に出発する。鉄道では、香川県以外は乗り換えなしで行くことができない。鉄道なら2回乗り換えるという紳士の目的地は、おそらく徳島県だろう。四国には、唯一の東京直結の交通手段として、消去法で夜行高速バスを利用する人がいる。ならば快適な一夜の提供は、バス事業者の大きな責任といえよう。

改装工事中だった八重洲南口バスターミナルは非常に手狭。そこで10分刻みの出発時刻が厳守できるよう、

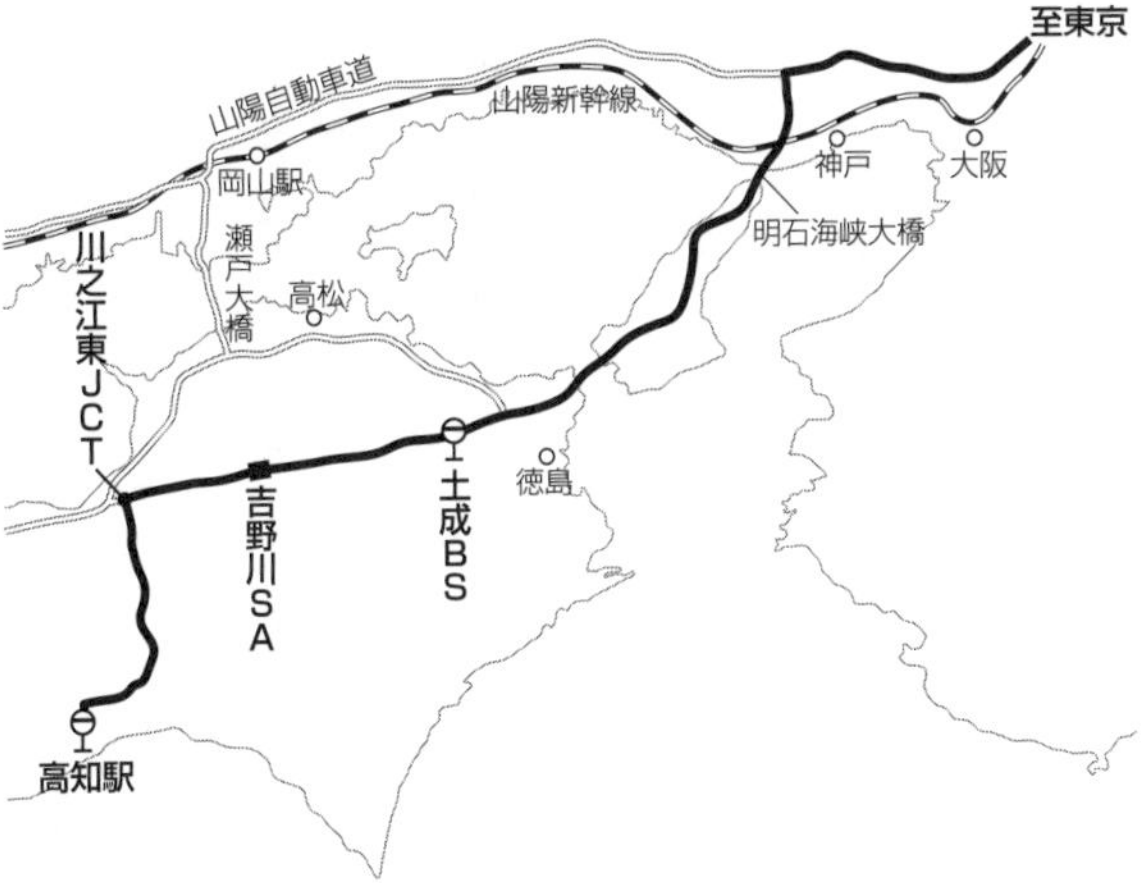

２０１３（平成25）年12月まで、〈ドリーム高知号〉の始発は新木場駅から東京駅に変更されていた。10分先発の〈ドリーム松山号〉ＪＲバス関東便が出るや否や、３番乗り場にマリンブルーとオレンジのストライプのダブルデッカーが入線。20時30分発の〈ドリーム高知号〉は、今夜はＪＲ四国バスの担当で、２人の乗務員が改札とトランクへの荷物の積み込みを開始した。

　ＪＲ四国バスとＪＲバス関東が毎日交互に運行している〈ドリーム高知号〉だが、「プレミアムシート」は四国の車両だけにわずか3席。そのため、運賃（通常期で東京〜高知間１万２５００円）プラス２３００円が必要だというのに、発売後すぐに売り切れる人気ぶりだそうだ。私が押さえたのは右後ろの23Ａ。前の22Ａは同い年くらいの男性、左前の21Ａは年配の女性だった。高級感あふれる本革張りのシートに掛けると、横幅も足元もゆったり。深いリクライニングを目いっぱい倒し、備え付けのクッションを腰にあて、レッグレストに足を載せれば、全身を真っすぐに伸ばせる。もはやシートというよりベッドで、高い人気が当然と思える心地良さだった。

代々木駅に近い新宿駅新南口バスターミナルを出たのは21時10分。池尻料金所から首都高速3号線に入ると、エンジン音が単調になる。いつのまにかウトウトし、「まもなく足柄サービスエリア」という放送でわれに返る。22時半をまわっており、ここで15分間の休憩。駐車場には何台もの高速バスの姿があり、コンビニのおにぎりとサンドイッチに若い乗客が群がっていた。

乗務員が交代し、ここまでハンドルを握った運転士が左前輪上の仮眠室に入った後、すぐに消灯となる。通路側のカーテンを引けば、前席ともカーテンで仕切られているので、個室のような空間ができあがる。厚地の毛布を胸までかけると、あっというまに眠りに落ちた。

◇

「おはようございます」という遠慮がちな放送で目覚めたのは、翌朝5時半過ぎ。バスは徳島道を走行しており、土成《となり》バス停が近づいているという。前の22A席の頭上だけ、ピンポイントで灯りがつき、土成インターに隣接したバス停に男性が降りると、再び消灯された。交替乗務員が仮眠中で乗客を案内できない中、ハンドルを握りながら降りる人だけをそっと起こす工夫が嬉しい。そもそも、夜中に数回あったはずの乗務員交代のための停車にはまったく気づかず、その丁寧な運転ぶりにも改めて感心する。

もう30年近く前、学生時代に乗車した〈ドリーム大阪号〉では、足柄、三ケ日、多賀と停車のたびに放送が入り、みんなが外に出て手足を伸ばしたものだ。高速道路をいったん降り、東西の乗務員が乗り継ぐ三ケ日では当時、ドライブインの立ち食いうどん屋が深夜営業しており、薄口のうどんをすすったことを思い出す。車両設備の著しい改善により、夜行バスは眠れる乗り物へと進化した。そして、その眠りをより上質なものにしてくれるのが、プロのテクニックとホスピタリティなのだと思う。

はりまや橋で土佐電鉄の路面電車に出合い、高知に着いたことを実感

空が白み始めた6時15分、吉野川サービスエリアに入り、15分間の朝の休憩。川霧が、対岸の無彩色の尾根をうっすらと覆い、水墨画みたいに美しい。バスに戻って、冷蔵庫にサービスとして用意された紙パックの緑茶とおしぼりを取り出す。顔を拭うと、身体までシャキッとした。

川之江《かわのえ》東《ひがし》ジャンクションからは、高知道を南へ。右手の窓から見上げる山々が、朝日でオレンジ色に染まっていく。いくつもの長いトンネルで四国山地を縦断し、高知平野へ駆け降りる。高知インターを出ると、市街地には自転車通学の高校生たちがあふれていた。アーチ状の屋根が印象的な高知駅に着いたのは、定刻より少し早めの7時40分。ほとんどの乗客が降り、歩道にたくさんの荷物が並べられていく。終点のはりまや橋には、8時ちょうどに到着。21A席の女性は、ここで降りていった。土佐電鉄の路面電車が、カタンコトンと軽快にレールの音を響かせ迎えてくれた。

ＪＲバスの新規開業高速バス路線

エリア	区　間	愛　称	昼夜行	開業年月	運行事業者	備　考
北海道地方内	札幌～帯広	ポテトライナー号	昼	1990/3	ＪＲ北海道・北海道中央バス・北都交通・十勝バス・北海道拓殖バス	
	札幌～旭川	高速あさひかわ号	昼	1990/10	ＪＲ北海道・北海道中央バス・道北バス	1990/10以前は北海道中央バスのみで運行
	札幌～紋別	流氷もんべつ号	昼	1996/4	ＪＲ北海道・北海道中央バス・道北バス・北紋バス	
	札幌～様似	高速えりも号	昼	2002/不明	ＪＲ北海道	
	札幌～広尾	高速ひろおサンタ号	昼	2005/10	ＪＲ北海道	
東北地方内	盛岡～青森	あすなろ号	昼	1987/8	ＪＲ東日本・岩手県北自動車・岩手県交通・秋北バス・弘南バス	2006/3にＪＲバス東北撤退
	仙台～弘前	キャッスル号	昼	1989/6	ＪＲバス東北・宮城交通・弘南バス	
	仙台～盛岡	アーバン号	昼	1989/9	ＪＲバス東北・東日本急行・宮城交通・岩手県交通・岩手県北自動車	
	仙台～八戸	うみねこ号	昼	1989/9	ＪＲバス東北・宮城交通・南部バス・十和田観光電鉄	
	盛岡～八戸	八盛号	昼	1989/9	ＪＲバス東北・岩手県交通・岩手県北自動車・南部バス	1995/10にＪＲバス東北撤退
	仙台～青森	ブルーシティ号	昼	1989/10	ＪＲバス東北・宮城交通・十和田観光電鉄・弘南バス	
	仙台～秋田	仙秋ナイト号	夜	1990/4	ＪＲバス東北	1998/4に運行休止
	盛岡～軽米	ウインディ号	昼	1990/7	ＪＲバス東北・岩手県北自動車	2003/12にＪＲバス東北撤退
	盛岡～久慈	スーパー久慈号	昼	1990/12	ＪＲバス東北	2009/2に運行休止
	盛岡～金田一温泉	すーぱー湯～遊号	昼	1991/4	ＪＲバス東北	
	仙台～久慈	ブルーリアス号	昼	1992/10	ＪＲバス東北	
	仙台～湯沢	グリーンライナー号	昼	1993/4	ＪＲバス東北・羽後交通	
	仙台～いわき		昼	1995/8	ＪＲバス東北・常磐交通自動車	1999/2-12は運行休止
	仙台～花巻	けんじライナー号	昼	1995/10	ＪＲバス東北・岩手県交通	

東北地方内	仙台〜秋田	仙秋号	昼	1998/4	ＪＲバス東北・宮城交通・秋田中央交通	1998/4以前はＪＲバス以外の2社で運行
	仙台〜会津若松		昼	1998/7	ＪＲバス東北・会津乗合自動車	
	仙台〜大曲	グリーンライナー号	昼	1998/10	ＪＲバス東北・羽後交通	
	仙台〜福島		昼	1999/3	ＪＲバス東北・宮城交通・福島交通	
	仙台〜大館		昼	1999/7	ＪＲバス東北・秋北バス	2013/12にＪＲバス東北撤退
	仙台〜古川		昼	1999/7	ＪＲバス東北	
	仙台〜郡山・須賀川		昼	2000/3	ＪＲバス東北・宮城交通・福島交通	2013/3にＪＲバス東北撤退
	仙台〜江刺		昼	2000/12	ＪＲバス東北・岩手県交通	
	仙台〜米沢		昼	2002/3	ＪＲバス東北・山交バス	
	福島〜山形		昼	2003/7	ＪＲバス東北	2004/3に運行休止
関東〜東北	東京〜盛岡		昼夜	1988/7	ＪＲバス関東・ＪＲバス東北・国際興業・岩手県交通	1990/12に昼行便運行休止 2008/7に〈ドリーム盛岡号〉に
	東京〜青森	ラ・フォーレ号	夜	1989/7	ＪＲバス関東・ＪＲバス東北・京浜急行電鉄・弘南バス	2009/7にＪＲバス関東撤退
	東京〜八戸	シリウス号	夜	1989/7	ＪＲバス関東・国際興業・南部バス・十和田観光電鉄	2008/7に〈ドリーム八戸・十和田号〉に 2009/7にＪＲバス関東撤退
	新宿〜仙台	正宗号	昼	1990/8	ＪＲバス関東・ＪＲバス東北・東北急行バス	1992/8にＪＲバス関東撤退 2008/4にＪＲバス東北単独の〈仙台・新宿号〉に
	新宿〜遠野	とおの号	夜	1991/7	ＪＲバス東北	
	東京〜羽後本荘	ドリーム鳥海号	夜	1992/2	ＪＲバス東北・羽後交通	
	仙台〜むつ	エクスノース号	夜	1992/8	ＪＲバス東北	1997/3に運行休止
	新宿〜福島	あぶくま号	昼	1998/7	ＪＲバス関東・ＪＲバス東北・福島交通	
	新宿〜会津若松	夢街道会津号	昼	1999/12	ＪＲバス関東・会津乗合自動車	2008/6に夜行便運行開始
	新宿〜仙台	ドリーム正宗号	夜	2003/4	ＪＲバス東北	
	新宿〜山形	さくらんぼ号	昼夜	2003/12	ＪＲバス東北	2003/不明に夜行便は〈ドリームさくらんぼ号〉に 2006/1に昼行便運行休止
	東京〜古川	ドリームササニシキ号	夜	2005/4	ＪＲバス東北	
	横浜〜仙台	ドリーム横浜・仙台号	夜	2005/9	ＪＲバス東北・京浜急行バス	
	横浜〜福島	ドリームふくしま・横浜号	夜	2006/10	ＪＲバス東北	

関東地方内

東京～郡山	あぶくま号	昼	2007/10	ＪＲバス関東・ＪＲバス東北・福島交通	2008/12に運行休止
横浜～秋田	ドリーム秋田・横浜号	夜	2008/3	ＪＲバス東北	
東京～つくば	つくば号	昼	1987/4	ＪＲ東日本・関東鉄道	
東京～水戸	みと号	昼	1988/4	ＪＲバス関東・関東鉄道・茨城交通	
東京～日立	ひたち号	昼	1988/6	ＪＲバス関東・日立電鉄	
東京～いわき	いわき号	昼	1988/11	ＪＲバス関東・常磐交通自動車	
東京～鹿島神宮	かしま号	昼	1989/4	ＪＲバス関東・京成電鉄・関東鉄道	
新宿～常陸太田	常陸太田号	昼	1989/10	ＪＲバス関東・茨城交通	
東京～麻生	あそう号	昼	1990/7	ＪＲバス関東・関東鉄道	2005/10にＪＲバス関東撤退
東京～波崎	はさき号	昼	1990/7	ＪＲバス関東・関東鉄道	
東京～筑波山	ニューつくばね号	昼	1991/4	ＪＲバス関東・関東鉄道	2006/9に運行休止
東京～八日市場		昼	1995/3	ＪＲバス関東	
東京～勝田		昼	1996/12	ＪＲバス関東・茨城交通	2007/3に運行休止
東京～水海道		昼	1999/2	ＪＲバス関東・関東鉄道	2007/1にＪＲバス関東撤退
東京～岩井		昼	1999/10	ＪＲバス関東・関東鉄道	2007/1にＪＲバス関東撤退
新宿～草津温泉	上州名湯めぐり号	昼	1999/10	ＪＲバス関東	
新宿～東海		昼	2000/3	ＪＲバス関東・茨城交通	2008/4にＪＲバス関東撤退
東京～館山	房総なのはな号	昼	2000/6	ＪＲバス関東	2001/7に日東交通も運行開始
東京～江戸崎		昼	2000/7	ＪＲバス関東・関東鉄道	2008/6にＪＲパス関東撤退
東京～南守谷		昼	2000/8	ＪＲバス関東・関東鉄道	2005/10に運行休止
東京～松伏		昼	2000/10	ＪＲバス関東	2005/4に夜間便・深夜便のみに
新宿～水戸	みと号	昼	2000/12	ＪＲバス関東・関東鉄道	
新宿～塩原温泉	もみじ号	昼	2001/1	ＪＲバス関東	2013/9に〈那須・塩原号〉に
新宿～常陸大宮		昼	2001/4	ＪＲバス関東・茨城交通	2009/10にＪＲバス関東撤退
新宿～宇都宮	マロニエ新宿号	昼	2001/7	ＪＲバス関東・関東自動車	
東京～江戸川台		昼	2001/7	ＪＲバス関東・東武鉄道	2006/2に運行休止
新宿～那須温泉	那須リゾートエクスプレス号	昼	2002/9	ＪＲバス関東・東野交通	2013/9に〈那須・塩原号〉に
新宿～伊香保温泉	伊香保温泉号	昼	2003/7	ＪＲバス関東・関越交通	2014/12にＪＲバス関東撤退
東京～足利	足利わたらせ号	昼	2005/10	ＪＲバス関東	2007/1に東京～佐野間〈マロニエ東京号〉に
つくば～大宮	さいたま・つくば号	昼	2005/12	ＪＲバス関東・関東鉄道	2006/3に運行休止

	横浜〜水戸	ベイライナー水戸・横浜号	昼	2006/1	ＪＲバス関東・京浜急行バス・茨城交通	2007/6に運行休止
	新宿〜伊勢崎		昼	2009/7	ＪＲバス関東	
関東〜中部	新宿〜岡谷		昼	1987/7	ＪＲ東日本・京王電気鉄道・諏訪バス	
	東京〜名古屋	東名ライナー号	昼	1988/3	ＪＲ東日本・ＪＲ東海	
	東京〜松本		昼	1989/4	ＪＲバス関東・松本電気鉄道	1992/4に運行休止
	東京〜福井	ドリーム福井号	夜	1989/5	ＪＲバス関東・京福電気鉄道・福井鉄道	
	池袋〜金沢	金沢エクスプレス号	昼夜	1989/6	ＪＲバス関東・西武バス・北陸鉄道	1989/6以前はＪＲバス以外の2社で運行 1990/10に西日本JRバスも運行開始 2003/7にＪＲバス関東撤退
	東京〜清里	きよさと号	昼	1989/8	ＪＲバス関東・山梨交通	1993/2にＪＲバス関東撤退
	東京〜伊良湖岬	伊良湖ライナー号	昼夜	1990/3	ＪＲバス関東・ＪＲ東海バス・豊橋鉄道	2001/1に昼行便運行休止 2006/1に運行休止
	東京〜名古屋	ドリームとよた号	夜	1991/7	ＪＲ東海バス	
	東京〜湯田中	ドリーム志賀号	夜	1992/4	ＪＲバス関東・長野電鉄	1999/3に運行休止
	新宿〜名古屋	ニュードリーム名古屋号	夜	1998/3	ＪＲバス関東・ＪＲ東海バス	2009/12に〈中央ドリーム名古屋号〉に 2012/7に〈ドリームなごや・新宿号〉に
	東京〜名古屋	スーパーライナー号	昼	1999/2	ＪＲバス関東・ＪＲ東海バス	
	東京〜金沢	ドリーム金沢号	夜	2005/10	西日本ＪＲバス	2005/12にJRバス関東も運行開始
	新宿〜名古屋	中央ライナー号	昼	2001/3	ＪＲバス関東・ＪＲ東海バス	2012/7に〈中央ライナーなごや号〉に
	新宿〜高遠	南アルプス号	昼	2001/4	ＪＲバス関東	2005/6に京王電鉄バス・伊那バスも運行開始 2009/7に運行休止
	東京〜名古屋	青春ドリームなごや号	夜	2001/12	ＪＲ東海バス	
	西船橋〜名古屋	ファンタジアなごや号	夜	2002/2	ＪＲ東海バス・京成電鉄	
	東京〜河口湖		昼	2002/3	ＪＲバス関東・富士急行	
	草津温泉〜名古屋	スパライナー草津号	昼	2004/7	ＪＲバス関東・ＪＲ東海バス	2007/9に運行休止
	新宿〜金沢	新宿昼特急金沢号	昼	2004/8	ＪＲバス関東・西日本ＪＲバス	2006/11に〈金沢エクスプレス号〉と統合
	東京〜富士宮		昼	2005/3	ＪＲバス関東・富士急静岡バス	2006/12に〈やきそばエクスプレス号〉に
	東京〜御殿場	御殿場プレミアムアウトレット号	昼	2005/12	ＪＲバス関東	
	東京〜浜松	ドリーム静岡・浜松号	夜	2005/12	ＪＲ東海バス	2006/6-2013/12はJRバス関東も運行

関東〜中部	東京〜清水	しみずライナー号	昼	2006/2	ＪＲバス関東	2006/4にJR東海バスも運行開始 2007/5にしずてつジャストラインも運行開始 2011/2にＪＲバス関東・ＪＲ東海バス撤退
	東京〜沼津	さんさんぬまづ・東京号	昼	2006/3	ＪＲバス関東・富士急シティバス	2009/3にＪＲバス関東撤退
	新宿〜可児	中央ライナー号	昼夜	2006/7	ＪＲバス関東・東濃鉄道	2012/7に〈中央ライナー可児号〉に 2013/3に運行休止
	東京〜名古屋	ノンストップライナー号	昼	2006/12	ＪＲバス関東・ＪＲ東海バス	
	東京〜富士	かぐや姫エクスプレス号	昼	2006/12	ＪＲバス関東・富士急静岡バス	
	新宿〜浜松		昼	2006/12	ＪＲ東海バス・京王バス東	2007/6に〈渋谷・新宿ライナー浜松号〉に 2011/3に遠州鉄道〈渋谷・新宿イーライナー号〉も運行開始
	新宿〜静岡	渋谷・新宿ライナー静岡号	昼	2007/4	ＪＲ東海バス	2007/12に京王バス東も運行開始
	東京〜知多半田	知多シーガル号	昼夜	2007/6	ＪＲバス関東	2013/10から週末・繁忙期のみ運行
	新宿〜新静岡	駿府ライナー号	昼	2007/6	ＪＲバス関東・しずてつジャストライン	
	新宿〜小諸		昼	2009/10	ＪＲバス関東	
	新宿〜名古屋	新宿ライナー三河・なごや号	昼	2009/12	ＪＲバス関東・ＪＲ東海バス	2012/5に運行休止
	新宿〜名古屋	新宿ドリーム三河・なごや号	夜	2009/12	ＪＲバス関東・ＪＲ東海バス	2012/7に〈ドリームなごや・三河号〉に
	東京〜金沢	青春ドリーム金沢号	夜	2010/3	ＪＲバス関東・西日本ＪＲバス	
	東京〜名古屋	新東名スーパーライナー	昼	2012/6	ＪＲバス関東・ＪＲ東海バス	
関東〜近畿	東京〜奈良	ドリーム奈良号	夜	1988/10	ＪＲバス関東・西日本ＪＲバス	奈良系統は〈プレミアムドリーム号〉〈青春エコドリーム号〉に
	東京〜神戸	ドリーム神戸号	夜	1989/3	ＪＲバス関東・西日本ＪＲバス	神戸系統は〈プレミアムドリーム号〉〈青春エコドリーム号〉〈ドリーム号〉に
	横浜〜大阪	ハーバーライト大阪号	夜	1989/3	西日本ＪＲバス・神奈川中央交通	2009/6に京都線と統合し〈ハーバーライト号〉に
	横浜〜京都	ハーバーライト京都号	夜	1989/3	西日本ＪＲバス・神奈川中央交通	2009/6に大阪線と統合し〈ハーバーライト号〉に
	東京〜堺	ドリーム堺号	夜	1989/10	ＪＲバス関東・西日本ＪＲバス・南海電気鉄道	2002/9になんば線と統合し〈なんば・堺ドリーム号〉に 2008/6にJRバス関東・西日本JRバス撤退
	東京〜難波	ドリームなんば号	夜	1989/12	ＪＲバス関東・西日本ＪＲバス・南海電気鉄道	2002/9に堺線と統合し〈なんば・堺ドリーム号〉に 2008/6にJRバス関東・西日本JRバス撤退
	新宿〜大阪	ニュードリーム大阪号	夜	1989/12	ＪＲバス関東・西日本ＪＲバス	中央道経由大阪系統は〈プレミアム中央ドリーム号〉〈青春中央エコドリーム号〉に
	新宿〜京都	ニュードリーム京都号	夜	1990/3	ＪＲバス関東・西日本ＪＲバス	中央道経由京都系統は運行休止
	東京〜和歌山	ドリーム和歌山号	夜	1998/10	ＪＲバス関東・南海電気鉄道	1988/10以前は東京急行電鉄・南海電気鉄道で運行

関東〜近畿	新宿〜神戸	ニュードリーム神戸号	夜	1999/12	ＪＲバス関東・西日本ＪＲバス	中央道経由神戸系統は運行休止
	東京〜大阪	東海道昼特急大阪号	昼	2001/12	ＪＲバス関東・西日本ＪＲバス	大阪系統は〈プレミアム昼特急号〉〈東海道昼特急号〉〈青春昼特急号〉に
	東京〜大阪	青春ドリーム大阪号	夜	2001/12	ＪＲバス関東・西日本ＪＲバス	大阪系統は〈青春エコドリーム号〉に統合
	新宿〜京都	中央道昼特急京都号	昼	2002/3	ＪＲバス関東・西日本ＪＲバス	中央道経由京都系統は運行休止
	新宿〜大阪	青春ニュードリーム大阪号	夜	2002/3	ＪＲバス関東・西日本ＪＲバス	中央道経由大阪系統は〈青春中央エコドリーム号〉に統合
	東京〜奈良	青春ドリーム京都・奈良号	夜	2002/12	ＪＲバス関東・西日本ＪＲバス	京都・奈良系統は〈青春エコドリーム号〉に統合
	東京〜京都	東海道昼特急京都号	昼	2003/7	ＪＲバス関東・西日本ＪＲバス	京都系統は大阪系統に統合
	新宿〜大阪	中央道昼特急大阪号	昼	2003/7	ＪＲバス関東・西日本ＪＲバス	中央道経由大阪系統は〈中央道昼特急号〉に
	東京〜神戸	青春ドリーム神戸号	夜	2003/7	ＪＲバス関東・西日本ＪＲバス	神戸系統は〈青春エコドリーム号〉に統合
	新宿〜京都	青春ニュードリーム京都号	夜	2003/7	ＪＲバス関東・西日本ＪＲバス	中央道経由京都系統は運行休止
	大宮〜三宮	京阪神ドリームさいたま号	夜	2003/12	西日本ＪＲバス	2005/3に西武バスも運行開始
	横浜〜大阪	横浜昼特急大阪号	昼	2004/7	西日本ＪＲバス	
	東京〜大阪	スーパードリーム号	夜	2005/11	西日本ＪＲバス	2006/4に中央道経由の〈ニュースーパードリーム号〉に 2007/3に運行休止
	東京〜大阪	超得割青春号	夜	2005/11	西日本ＪＲバス	2009/7にJRバス関東も運行開始 2011/7に運行休止
	東京〜大阪	プレミアムドリーム号	夜	2006/4	西日本ＪＲバス	
	東京〜大阪	青春メガドリーム号	夜	2006/6	ＪＲバス関東・西日本ＪＲバス	2009/9に運行休止
	大宮〜浜大津	びわこドリーム号	夜	2008/4	西日本ＪＲバス・西武バス	
	東京〜大阪	プレミアムエコドリーム号	夜	2013/3	ＪＲバス関東・西日本ＪＲバス	
	東京〜大阪	青春エコドリーム号	夜	2009/9	ＪＲバス関東・西日本ＪＲバス	
	東京〜大阪	プレミアム中央エコドリーム号	夜	2013/2	西日本ＪＲバス	
	東京〜大阪	超得割青春東京号	夜	2009/7	ＪＲバス関東・西日本ＪＲバス	
関東〜中国	渋谷〜出雲	スサノオ号	夜	1988/12	中国ＪＲバス・東京急行電鉄・一畑電気鉄道	1998/6に東急バス撤退
	東京〜広島	ニュープリーズ号	夜	1989/3	ＪＲバス関東・中国ＪＲバス・小田急バス・広島電鉄	2008/6にＪＲバス関東撤退
	横浜〜広島	赤いくつ号	夜	1989/12	中国ＪＲバス・神奈川中央交通	1997/9に運行休止
	東京〜下関	ドリームふくふく号 ふくふく東京号	夜	1991/3	ＪＲバス関東・ サンデン交通	2000/9にJRバス関東撤退・中国JRバス運行開始 2006/11に運行休止

	横浜～広島	メイプルハーバー号	夜	1997/12	中国ＪＲバス・中国バス	2007/9に中国ＪＲバス撤退
	東京～津和野	いわみエクスプレス号	夜	2001/3	中国ＪＲバス・石見交通	
	東京～岡山	京浜吉備ドリーム号	夜	2003/4	中国ＪＲバス	
関東～四国	東京～高松	ドリーム高松号	夜	1989/10	ＪＲバス関東・ＪＲ四国	1999/12に松山系統と統合し〈ドリーム高松・松山号〉に
	東京～松山	ドリーム松山号	夜	1990/5	ＪＲバス関東・ＪＲ四国	1999/12に高松系統と統合し〈ドリーム高松・松山号〉に 2013/3に香川県内の停留所を廃止し〈ドリーム松山号〉に
	東京～高知	ドリーム高知号	夜	1991/5	ＪＲバス関東・ＪＲ四国	徳島経由となり2005/12に〈ドリーム徳島・高知号〉に 徳島経由をやめ2007/4に〈ドリーム高知号〉に
	新宿～高松	ニュードリーム徳島・高松号	夜	2004/12	ＪＲバス関東・ＪＲ四国	2005/12に東名経由の〈ドリーム徳島・高松号〉に 2006/7に〈ドリーム徳島号〉〈ドリーム高松号〉に分割 2012/7から徳島系統は関東・高松系統は四国のみで運行
中部～各地（関東・関西方面除く）	名古屋～金沢		昼	1987/7	ＪＲ東海・ＪＲ西日本・名古屋鉄道・北陸鉄道	
	名古屋～福井		昼	1988/8	ＪＲ東海バス・名古屋鉄道・京福電気鉄道・福井鉄道	
	名古屋～松本		昼	1988/9	ＪＲ東海バス・名古屋鉄道・松本電気鉄道	2001/10にＪＲ東海バス撤退
	名古屋～横浜	ラメール号	夜	1989/3	ＪＲ東海バス・京浜急行電鉄	2008/3に運行休止
	名古屋～広島	セレナーデ号	夜	1989/9	ＪＲ東海バス・中国ＪＲバス	1993/3-2001/10は中国JRバスのみ運行休止 2013/7に〈広島ドリーム名古屋号〉に
	名古屋～福岡	レインボー号	夜	1989/12	ＪＲ東海バス・ＪＲ九州	1993/5に運行休止
	名古屋～箱根	箱根ビュー号	昼	1990/3	ＪＲ東海バス・伊豆箱根鉄道	1993/5にＪＲ東海バス撤退
	名古屋～伊東	伊豆スパー号	昼	1990/4	ＪＲ東海バス・東海自動車	1993/5に運行休止
	新潟～仙台	ＷＥライナー号	昼夜	1990/10	ＪＲバス東北・新潟交通	1997/10-2008/3は夜行便運行休止
	名古屋～高松	オリーブ号	夜	1990/12	ＪＲ東海バス・ＪＲ四国	2007/3に運行休止
	名古屋～松山	オリーブ松山号	夜	1998/8	ＪＲ東海バス・ＪＲ四国	
	名古屋～高山	ひだ高山号	昼	2000/10	ＪＲ東海バス・名古屋鉄道・濃飛乗合自動車	
	名古屋～出雲	出雲・松江ドリーム名古屋号	夜	2004/9	中国ＪＲバス	
	名古屋～甲府	名古屋ライナー甲府号	昼	2007/3	ＪＲ東海バス・山梨交通	2008/3以前は山梨交通のみで運行
	名古屋～金沢	北陸ドリーム名古屋号	夜	2008/4	ＪＲ東海バス・西日本ＪＲバス	
	名古屋～金沢	北陸道昼特急名古屋号	昼	2010/12	ＪＲ東海バス・西日本ＪＲバス	
	静岡～河口湖	静岡・富士五湖号	昼	2013/1	ＪＲ東海バス	2013/1以前は富士急山梨バスが運行

近畿～各地（関東方面除く）

大阪～福知山		昼	1988/7	西日本ＪＲバス・神姫バス	1993/9に西日本ＪＲバス撤退
京都～金沢		昼	1988/8	西日本ＪＲバス・京阪バス・北陸鉄道	2007/7に北陸鉄道撤退・2011/3に京阪バス撤退 2011/6に〈北陸道青春昼特急京都号〉に 2013/6に大阪発着となり〈北陸道青春昼特急大阪号〉に
新大阪～出雲	くにびき号	昼夜	1989/2	中国ＪＲバス・阪急バス・一畑電気鉄道	
堺～松山	どっきん松山号	夜	1990/8	西日本ＪＲバス・ＪＲ四国・南海電気鉄道	1998/2に運行休止
堺～前原	サザンクロス博多号	夜	1990/11	西日本ＪＲバス・ＪＲ九州・南海電気鉄道・昭和自動車	1992/9に運行休止
難波～広島	ビーナス号/サザンクロス号	昼夜	1990/12	中国ＪＲバス・南海電気鉄道	2010/1に中国ＪＲバス撤退
大阪～加西		昼	1992/3	西日本ＪＲバス・神姫バス	1992/3以前は神姫バスのみで大阪～北条間を運行
大阪～新宮	ルナメール号	夜	1996/3	西日本ＪＲバス	2002/3に運行休止
大阪～津山	スーパーライナー津山号	昼	1996/4	西日本ＪＲバス・神姫バス	
新神戸～東浦	大磯号	昼	1998/4	西日本ＪＲバス・本四海峡バス	
大阪～洲本	かけはし号	昼	1998/4	西日本ＪＲバス・本四海峡バス	
神戸～徳島	阿波エクスプレス神戸号	昼	1998/4	西日本ＪＲバス・JR四国バス・本四海峡バス	
大阪～徳島	阿波エクスプレス大阪号	昼	1998/4	西日本ＪＲバス・JR四国バス・本四海峡バス	
京都～徳島	阿波エクスプレス京都号	昼	1999/3	西日本ＪＲバス・ＪＲ四国・京阪バス・徳島バス	2006/7に本四海峡バスも運行開始
新神戸～高松	高松エクスプレス神戸号	昼	1999/12	西日本ＪＲバス・ＪＲ四国	2002/11に神姫バス・四国高速バスも共同運行
大阪～岡山	吉備エクスプレス大阪号	昼	2000/8	中国ＪＲバス	2003/7に西日本ＪＲバスも運行開始 2009/10に両備バスも運行開始 2013/6に下津井電鉄も運行開始
大阪～高松	高松エクスプレス大阪号	昼	2001/3	西日本ＪＲバス・ＪＲ四国	2002/4に阪急バス・四国高速バスも共同運行
京都～高松	高松エクスプレス京都号	昼	2001/3	西日本ＪＲバス・ＪＲ四国・京阪バス・四国高速バス	
神戸～出雲	ポートレイク号	昼夜	2001/7	中国ＪＲバス	
大阪～阿南	阿南エクスプレス号	昼	2001/10	西日本ＪＲバス・ＪＲ四国・本四海峡バス	2009/9に西日本JRバス撤退 2010/6に運行休止
大阪～広島	山陽道昼特急広島号	昼	2002/7	中国ＪＲバス	2003/3に西日本ＪＲバスも運行開始

近畿～各地（関東方面除く）

京都～出雲	出雲エクスプレス京都号 出雲阿國号	昼夜	2002/10	西日本ＪＲバス・京阪バス 中国ＪＲバス・一畑バス	
大阪～高知	高知エクスプレス大阪号	昼夜	2002/12	西日本ＪＲバス・ＪＲ四国	2005/3に〈高知エクスプレス号〉に
大阪～江津	浜田道エクスプレス大阪号	昼	2002/12	中国ＪＲバス	
大阪～広島	山陽ドリーム広島号	夜	2003/3	西日本ＪＲバス・中国ＪＲバス	
姫路～岡山	播備ライナー号	昼	2003/3	中国ＪＲバス・神姫バス・中鉄バス	2003/12に運行休止
難波～福岡	山陽道昼特急博多号	昼	2003/4	西日本ＪＲバス・ＪＲ九州バス	2011/3に運行休止
大阪～白浜	白浜エクスプレス大阪号	昼	2003/7	西日本ＪＲバス・明光バス	2003/7以前は明光バスのみで運行
大阪～西脇		昼	2003/8	西日本ＪＲバス・神姫バス	2003/8以前は神姫バスのみで運行
大阪～松山	松山エクスプレス大阪号	昼夜	2003/8	西日本ＪＲバス・ＪＲ四国	
大阪～金沢	北陸道昼特急大阪号	昼	2003/12	西日本ＪＲバス	
大阪～富山	北陸ドリーム大阪号	夜	2003/12	西日本ＪＲバス	
神戸～高知	高知エクスプレス神戸号	昼	2003/12	西日本ＪＲバス・ＪＲ四国	2005/3に大阪・京都線と統合し〈高知エクスプレス号〉に
京都～高知	高知エクスプレス京都号	昼夜	2004/3	西日本ＪＲバス・ＪＲ四国	2005/3に〈高知エクスプレス号〉に
大阪～静岡	京阪神ドリーム静岡号	夜	2004/7	西日本ＪＲバス・ＪＲ東海バス	
大阪～静岡	京阪神昼特急静岡号	昼	2004/7	西日本ＪＲバス・ＪＲ東海バス	2006/5に運行休止 2011/10にＪＲ東海バスのみで運行
京都～津山	津山エクスプレス京都号	昼	2004/7	西日本ＪＲバス・神姫バス	
神戸～名古屋		昼	2004/7	西日本ＪＲバス・名古屋観光日急	2004/7以前は名古屋観光日急・名阪近鉄高速バスで運行 2006/4にＪＲ東海バスも運行開始
京都～広島	広島昼特急京都号	昼	2004/8	中国ＪＲバス	2005/7に西日本JRバスも運行開始 2010/3に運行休止
大阪～鳴門	鳴門・淡路エクスプレス大阪号	昼	2004/12	西日本ＪＲバス・本四海峡バス	2007/3に神戸線と統合し〈鳴門・淡路エクスプレス号〉に 2010/1に運行休止
大阪～呉	呉エクスプレス大阪号	昼	2005/4	中国ＪＲバス	
新神戸～鳴門	鳴門・淡路エクスプレス神戸号	昼	2005/7	西日本ＪＲバス・本四海峡バス	2007/3に大阪線と統合し〈鳴門・淡路エクスプレス号〉に 2010/1に運行休止
京都～広島	広島ドリーム京都号	夜	2005/7	西日本ＪＲバス・中国ＪＲバス	2010/3に運行休止
大阪～呉	呉ドリーム大阪号	夜	2006/10	中国ＪＲバス	
新神戸～白浜	白浜エクスプレス神戸号	昼	2007/7	西日本ＪＲバス・明光バス	2009/9に運行休止

近畿〜各地（関東方面除く）	新神戸〜有馬温泉	有馬エクスプレス神戸号	昼	2008/8	西日本ＪＲバス	2011/10に大阪線と統合し〈有馬エクスプレス号〉に
	大阪〜有馬温泉	有馬エクスプレス大阪号	昼	2008/8	西日本ＪＲバス	2011/10に神戸線と統合し〈有馬エクスプレス号〉に
	新神戸〜観音寺	観音寺エクスプレス神戸号	昼	2009/4	西日本ＪＲバス・ＪＲ四国バス	2010/7に大阪線と統合し〈観音寺エクスプレス号〉に 2011/5に西日本ＪＲバス撤退
	大阪〜観音寺	観音寺エクスプレス大阪号	昼	2009/4	西日本ＪＲバス・ＪＲ四国バス	2010/7に神戸線と統合し〈観音寺エクスプレス号〉に 2011/5に西日本ＪＲバス撤退
	京都〜広島	青春昼特急広島号	昼	2010/4	西日本ＪＲバス・中国ＪＲバス	
	京都〜広島	青春ドリーム広島号	夜	2010/4	西日本ＪＲバス・中国ＪＲバス	
	大阪〜三田	神戸三田プレミアムアウトレット号	昼	2011/10	西日本ＪＲバス	
	大阪〜名古屋	青春大阪ドリーム名古屋号	夜	2011/10	西日本ＪＲバス・ＪＲ東海バス	
	大阪〜浜松	浜松エクスプレス大阪号 大阪イーライナー	昼	2011/12	西日本ＪＲバス 遠州鉄道	
	京都〜小浜	若狭舞鶴エクスプレス京都号	昼	2012/12	西日本ＪＲバス・京都交通	2012/12以前は京都交通のみで京都〜舞鶴間を運行
	京都〜鳥取	鳥取エクスプレス京都号	昼	2013/3	西日本ＪＲバス・京阪シティバス・日本交通	2013/3以前は西日本JRバス以外の2社で運行
	京都〜米子	米子エクスプレス京都号	昼	2013/3	西日本ＪＲバス・京阪シティバス・日本交通	2013/3以前は西日本ＪＲバス以外の2社で運行
中国〜各地（関東・関西方面除く）	倉敷〜高松		昼	1988/4	中国ＪＲバス・ＪＲ四国・瀬戸大橋高速バス・両備バス・下津井電鉄	1991/3に中国ＪＲバス撤退 1993/12に運行休止
	光〜湯田温泉	周防ライナー号	昼	1988/7	中国ＪＲバス	1993/9に運行休止
	広島〜出雲	みこと号	昼	1991/5	中国ＪＲバス・一畑電気鉄道	
	広島〜浜田	いさりび号	昼	1991/12	中国ＪＲバス・広島電鉄・石見交通	
	岡山〜高知	龍馬エクスプレス号	昼	1992/2	ＪＲ四国・両備バス	
	岩国〜湯田温泉	ザビエル号	昼	1992/8	中国ＪＲバス	1995/10に運行休止
	岡山〜松山	マドンナエクスプレス号	昼	1994/11	ＪＲ四国・伊予鉄道・両備バス・下津井電鉄	
	広島〜呉	クレアライン号	昼	1996/8	中国ＪＲバス・呉市交通局	2012/3に呉市交通局事業廃止・広島電鉄運行開始
	広島〜広島大学	グリーンフェニックス号	昼	1997/10	中国ＪＲバス	
	広島〜松山	キララエクスプレス号	昼	1999/5	ＪＲ四国・伊予鉄道・しまなみ開発・広島交通	1999/10に運行休止
	広島〜蒲刈		昼	2000/1	中国ＪＲバス・広島電鉄・呉市交通局・広今あきなだ高速	2002/3に中国ＪＲバス撤退
	広島〜高松	瀬戸内エクスプレス号	昼	2000/12	中国ＪＲバス	2004/12にＪＲ四国バスも運行開始
	岡山〜広島	サンサンライナー号	昼	2002/3	中国ＪＲバス・両備バス・広交観光	

	山口～福岡	福岡・山口ライナー号	昼	2001/10	中国ＪＲバス・ＪＲ九州バス	
	福山～福岡	広福ライナー号	昼夜	2002/5	中国ＪＲバス・ＪＲ九州バス・広交観光・中国バス	2012/7に中国ＪＲバス撤退
	広島～福山	ローズライナー号	昼	2002/6	中国ＪＲバス・広島交通・中国バス・井笠鉄道・鞆鉄道	2002/6以前は中国JRバス以外の4社で運行 2009/2に中国ＪＲバス撤退
	広島～下関	ふくふく広島号	昼	2002/12	中国ＪＲバス・サンデン交通	2007/3に運行休止
	光～福岡	福岡・周南ライナー号	昼	2003/3	中国ＪＲバス・ＪＲ九州バス・防長交通	2010/9に中国ＪＲバス撤退
	岡山～出雲	ももたろうエクスプレス号	昼	2003/4	中国ＪＲバス・両備バス・中鉄バス・日ノ丸自動車・一畑バス	2003/4以前は中国ＪＲバス以外の4社で運行
	岡山～徳島	徳島岡山エクスプレス号	昼	2003/4	中国ＪＲバス・ＪＲ四国・徳島バス	2007/11にＪＲ四国バス撤退 2009/10に中国ＪＲバス撤退
	岡山～福岡	福岡・岡山ライナー号	昼	2004/2	中国ＪＲバス	2005/3に運行休止
	江津～福岡	浜田ドリーム福岡号	夜	2005/10	中国ＪＲバス	2006/4に運行休止
	松江～福岡	出雲路号	夜	2009/4	中国ＪＲバス・一畑バス	2009/4以前は一畑バスのみで運行
	広島～鹿児島	鹿児島ドリーム広島号	夜	2012/12	中国ＪＲバス・ＪＲ九州バス	
四国地方内	高松～松山	いよじ号	夜	1989/7	ＪＲ四国・伊予鉄道	一般道経由は1994/11に運行休止
	高松～高知	とさじ号	夜	1989/7	ＪＲ四国・高知県交通	一般道経由は1992/10に運行休止
	高松～高知	黒潮エクスプレス号	昼	1992/10	ＪＲ四国・土佐電気鉄道・高知県交通・四国高速バス	
	高松～松山	坊ちゃんエクスプレス号	昼	1994/11	ＪＲ四国・伊予鉄道・四国高速バス	
	徳島～松山	吉野川エクスプレス号	昼	2000/3	ＪＲ四国・徳島バス・伊予鉄道	
	徳島～高松	高徳エクスプレス号	昼	2001/3	ＪＲ四国・徳島バス・大川自動車	2003/4にＪＲ四国撤退
	松山～高知	なんごくエクスプレス号	昼	2001/12	ＪＲ四国	
	徳島～高知	高知徳島エクスプレス号	昼	2002/3	ＪＲ四国・徳島バス・土佐電気鉄道・高知県交通	
九州地方内	福岡～宮崎	フェニックス号	昼	1989/7	ＪＲ九州・西日本鉄道・九州産業交通・宮崎交通	1989/7以前はＪＲ九州以外の3社で運行 2011/4-2012/4はＪＲ九州バスのみ運行休止
	嬉野～唐津	うれしのライナー号	昼	1989/不明	昭和自動車	1991/7に運行休止
	福岡～鹿児島	桜島号	昼	1990/12	ＪＲ九州・西日本鉄道・南国交通・林田産業交通・鹿児島交通	
	新八代～宮崎	Ｂ＆Ｓみやざき号	昼	2011/3	ＪＲ九州・産交バス・宮崎交通	
	福岡～宮崎	たいよう号	昼	2011/4	ＪＲ九州	2012/4に運行休止

第7章

多彩な表情を見せる新しい「つばめバス」

車両と営業拠点を充実させて貸切バスを強化

ＪＲバスが発足した１９８７（昭和62）年は、バブルの始まりだった。リゾート法（総合保養地域整備法）が制定され、右肩上がりの成長を続ける企業によって、地方の観光開発が進められていった。国民全体が好景気を実感し始め、活発に活動し、貸切バスの需要が急激に増大した。このためＪＲバス各社は民営化当初、貸切バスに大きな期待をかけ、積極的な増強に取り組んだ。採算の厳しい一般路線を数多く抱えるＪＲバスにとって、貸切バスの増収は重要な課題だったのだ。

国鉄末期の貸切増車によって、各社に6形ハイデッカーが増えつつあった。民営化直後にも、貸切増車をにらんでまとまった数の6形ハイデッカーが投入された。しかし、それらは貸切車としてごく基本的な設備しか持っておらず、競合する貸切事業者の車両に比べると、やや見劣りするものだった。そこでＪＲバス各社は、貸切バスの営業力を高めるために、より豪華なスーパーハイデッカーの採用を開始した。中でもＪＲバス関東は、低運転席タイプ（ダブルデッカー並みに運転席を下げ、フロントガラスを上下2分割として眺望を良くしたタイプ）のスーパーハイデッカーを選び、サロンやトイレつきなどの仕様に、各支店の意見を反映させた。また西日本ＪＲ

バス、ＪＲ四国、ＪＲ九州は、ＵＦＣタイプ（ダブルデッカーのように運転席上の最前部まで座席としたタイプ）のスーパーハイデッカーをラインナップしてアピールを行った。

　貸切営業の拠点も拡大している。ＪＲ北海道は函館、ＪＲバス東北は山形に貸切専門の営業所を新設。西日本ＪＲバスは大阪、神戸、奈良、亀山に貸切センターを開設した。さらに、ＪＲバス東北は青南観光バスに出資し、青森県内の貸切バスの営業力を強化。ＪＲ四国は貸切事業を廃止した香川県交通から免許・車両を引き継いだ。拡大した拠点を活用して、魅力的なバスツアーの販売にも取り組んだ。ＪＲ北海道は発足5周年を迎えた１９９２（平成4）年に「日本一周バスの旅」（後の「全国一周バスの旅」）を企画。ＪＲ北海道の貸切バスで九州まで全国を一周する約1カ月のツアーを行った。これが予想を上回る人気となり、２００８（平成20）年まで十数回にわたって催行されている。

ＪＲ四国が採用したＵＦＣ（アンダー・フロア・コックピット）タイプ

　貸切バスから安定収入を得る手段として、契約輸送の受託も進めている。ＪＲ北海道は、ＪＡＬストーリーのツアーバスや札幌テルメ（健康保養施設。現・シャトレーゼ・ガトーキングダム・サッポロ）の送迎バスなどを担当。JRバス東北とJRバス関東は、JR東日本の企画旅行を受託する「びゅうばす」の運行を開始した。さらにJRバス関東は、Jリーグ・JEF《ジェフ》ユナイテッドの選手輸送、町村合併前の長野県長門町《ながとまち》と千葉県多古町の保育園児の送迎も受託。JR東海バスは、名古屋学院大学と愛知県立養護学校のスクールバス、ホテルナゴヤキャッスル（現・ウェスティンナゴヤキャッスル）のシャトルバス、浜名湖・蒲郡・常滑《とこなめ》競艇の送迎輸送、瀬戸市内の企業の従業員輸送などを開始した。西日本JRバスは、JR西日本の旅行ブランド「ウェンズ」のツアーバスや信州方面への「しろくまスキーツアーバス」の運行を行っている。こうしてJRバス各社とも、民営化から10年を経た１９９０年代半ばには、貸切バスの台数が民営化時の2倍から3倍にまで増加したのである。

しかし１９９０年代後半、景気の落ち込みにより貸切バスの需要は減少し、さらに２０００年代に入ると、規制緩和の影響により貸切バスの受注単価は大きく下落した。このためJRバ

JR東海バスが運行を受託した名古屋学院大学のスクールバス

窓には選手のサインが入っているＪＲ北海道バスの「コンサドーレ号」

ス各社は一転、貸切バス事業の縮小を進めることになる。ＪＲ北海道は函館営業所を撤収し、ＪＲバス東北は青南観光バスとの資本関係を解消した。また西日本ＪＲバスとＪＲ四国は減車した貸切バスにワンマン化改造を行い、需要が急増する関西～四国間や四国内の高速バスに転用した。

そんな中、まだまだ元気な貸切バスの姿もある。ＪＲ北海道バスは、Ｊリーグ・コンサドーレ札幌とプロ野球・日本ハムファイターズの選手輸送を受託。チームカラーのラッピングバスを一般貸切バスにも使用し、ファンから好評を得ている。ＪＲ四国バスは、「ワンランク上のリラクゼーション」をコンセプトに、トイレつき36人乗り貸切バス「ゆった～りＤＸバス」をデビューさせた。中国ＪＲバスの車両には、本革張りのシートを１＋２列配置とし、高級感あふれるインテリアとトイレ・洗面台を備えたハイグレード車「プレミアム21」、その小型車版「プレミアム11」が加わった。中国ＪＲバスはさらに、グランドプリンスホテル広島のシャトルバスの運行を新たに受託している。

バスツアーのほうも、中国ＪＲバスで「日帰り温泉バス」や

「かにバス」が人気となり、繰り返し催行している。JR四国では香川県内のうどん店をめぐる「さぬきうどん探検バス」が好評だったため、瀬戸大橋開通20周年にあたる2007(平成19)年に復活運転が行われている。

観光路線のイメージアップと空港連絡バスの運行

JRバス発足後、好景気を背景に各地の観光地は賑わいを見せ、施設のリニューアルなども進められた。JRバスもまた、既存路線のイメージアップやニーズをとらえた新たな路線の開設に取り組んだ。

JR北海道は国鉄時代に休止した日勝高原線帯広〜日勝スカイライン〜日高町間を復活。1988(昭和63)年から4年間、毎年夏季限定で運行した。さらに、炭鉱輸送用に残っていたボンネットバスを購入して修復。1950年代の国鉄バスカラーに塗装し、「フロンティア号」と名づけた。1990(平成2)年から6年間、観光シーズンの休日に新札幌〜開拓の村間で使用されたが、部品の確保が困難になったため、現在は『小樽市総合博物館 本館』に保存されている。

JRバス関東は1994(平成6)年、長野原草津口〜草津温泉間に「イエローバス」の運行を開始。夜行バスから転用したスーパーハイデッカーを草津町のイメージカラーの黄色に塗った

草津町とのタイアップで誕生した「イエローバス」

塩原温泉郷とのタイアップによる「もみじバス」

豪華な路線バスである。同じ年、西那須野～塩原温泉間には「もみじバス」がデビュー。こちらはハイデッカーの白いボディに、塩原渓谷の新緑や紅葉のもみじを散らしたものだった。

中国ＪＲバスは１９８９（平成元）年に〝海と島の博覧会〟のシャトルバス、２００１（平成13）年に〝山口きらら博〟のシャトルバスを運行。２０１３（平成25）年から広島市内の美術館や原爆ドーム、平和公園などをめぐる観光ループバス「めいぷる～ぷ」の運行を開始した。

四国では１９９６（平成８）年、漫画家やなせたかし氏の出身地、高知県香美《かみ》市に『アンパンマンミュージアム』が開館。ＪＲ四国バスは、アクセスする大栃線の路線バスにアンパンマンのラッピングを施すとともに、貸切車にもアンパンマンバスを登場させた。２０１３年には『神戸アンパンマンこどもミュージアム＆モール』がオープン。今度は〈高松エクスプレス神戸号〉の高速車をアンパンマンバスに仕立て、土・日・祝日にはミュージアム前まで延長運転を行っている。

国鉄時代から運行されてきた定期観光バスは、旅のニーズが多様化したことで利用者を減らし、2000年代の初めまでにほとんどが運行を終了した。一方で、メニューや演出に工夫を凝らして、新たにスタートしたコースもある。JR九州は1987（昭和62）年、桜島港を起点にした「桜島めぐり」を運行。西郷さんのような絣《かすり》の着物の運転士が乗務して話題になった。後に西鹿児島駅（現・鹿児島中央駅）発着に改め、フェリーで海を越える珍しいコースとなって現在も好評である。

2000年代に入った後も、西日本JRバスが新神戸を起終点にした「KOBEストーリー号」、JRバス関東が草津温泉を起終点にした「草津・白根・浅間高原遊覧の旅」の季節運行を行った。

JRバス関東はTDLのオープンに合わせ、国鉄時代から東京湾岸線東京～TDL間、上野湾岸線上野～TDL間を運行してきた。TDL最寄りの舞浜《まいはま》駅と東京駅が京葉線で直結された1990年には、競合する東京湾岸線にダブルデッカーを投入。「ファンタジア号」と名づけてPRに努めた。このとき、国内で初めてダブルデッカーのワンマン運行を実施。〈ドリーム号〉へのダブルデッカー使用の布石としている。しかし、安くて早い京葉線に乗客を奪われる形になり、東京湾岸線は上野湾岸線とともに1995（平成7）年に廃止された。2000（平成12）年には新

東京湾岸線のダブルデッカー「ファンタジア号」

宿発着の高速バスの東京支店への回送を兼ね、新宿～TDL線を運行開始。2012（平成24）年には東京～東京スカイツリー線も開業している。

西日本JRバスもUSJがオープンした2001（平成23）年、新神戸、尼崎、伊丹空港、関西空港、奈良とUSJを結んだが、2011年の関西空港～USJ間を最後にすべて撤退している。

◇

海外旅行者が急増し、国内の移動手段も空路のシェアが拡大する中で、都市と空港を直結するバスのニーズも高まった。国鉄時代はライバルだった航空機だが、JR北海道のJALストーリーバスに象徴されるように、民営化後は共存の道を選び、空港連絡バスへの参入も進められた。

JRバス東北は青森～青森空港間、JRバス関東は大宮～成田空港間、西日本JRバスは大津

〜伊丹空港間、西日本ＪＲバス・ＪＲ四国の２社で丸亀・高松〜関西空港間、中国ＪＲバスは広島バスセンター〜広島空港間、呉〜広島空港間、東広島〜広島空港間、山口〜山口宇部空港間、ＪＲ九州は垂水〜鹿児島空港間、山鹿温泉〜熊本空港間を運行開始した。しかし、このうち大宮〜成田空港間、大津〜伊丹空港間、呉〜広島空港間、東広島〜広島空港間、垂水〜鹿児島空港間、山鹿温泉〜熊本空港間からは、利用者数の伸び悩みや運行コストの上昇などにより撤退し、丸亀・高松〜関西空港間はＪＲ四国バスだけで運行を続けている。

大震災の代替輸送に見た〝ＪＲバス魂〟

１９９５（平成７）年１月17日午前５時46分、明石海峡を震源とするマグニチュード７・３の直下型地震が発生。ＪＲ神戸線・山陽新幹線をはじめ兵庫県内の鉄道線の多くが甚大な被害を受け、随所で不通となる。ＪＲ西日本はただちに、西日本ＪＲバスに代替輸送の要請を行った。

「国鉄バス５原則」にある「代行」には、自然災害や事故などにより不通となった鉄道線の緊急代替輸送も含まれている。実際に国鉄時代、宮城県沖地震のほか、各地の水害や土砂災害による鉄道線の不通区間の代替輸送に取り組んでいる。しかし、今回のように都市部の幹線、いわば大動脈の代替輸送は前代未聞のことであり、西日本ＪＲバスは手探りの中で対応を急いだ。

まずは中国ハイウェイバスを共同運行する神姫バスに協力を要請。駐車場の確保もできず、ルートの調査も不完全なまま1月23日、西日本ＪＲバス20台、神姫バス25台で、甲子園口〜三ノ宮間の代替輸送を開始した。この日は１９０本のバスが1万２３５０人の乗客を輸送している。翌24日にはＪＲ九州からバス8台、乗務員20人、25日には中国ＪＲバスからバス20台、乗務員20人、ＪＲ四国から乗務員５人、ＪＲ東海バスから乗務員３人が応援に到着。吹田の社宅に泊まり込み、西宮と住吉に確保した車両基地に電車で出勤する形で、代替輸送は3月31日まで続けられた。

倒壊家屋の前を行く西日本ＪＲバスの代替バス

　乗務行路の作成と運行管理は西日本ＪＲバスが担当した。しかし運んでも運んでも、乗り場には乗客たちが長蛇の列をつくった。「待ってる人がいるんだから、休んでなんかいられないよ」と各社の乗務員。休憩時間もとらずにハンドルを握った。整備は、西日本ＪＲバス大阪営業所の整備士たちが機材を持ち込み、露天で実施。洗車機などないから、バスはみな泥だらけで走り続けた。

分割民営化から８年。全国で独自の道を歩み始めたＪＲバス。しかしこのとき、いざ鎌倉とばかり駆けつけ、手弁当で応援する各社の姿を目の当たりにした。そこには、民営化後も失われていない結束力、〝国鉄魂〟ならぬ〝ＪＲバス魂〟が感じられ、胸が熱くなる思いだった。

◇

ＪＲバス各社による鉄道代替輸送は、このほかにも全国でいくつか行われている。ここで、その中から比較的規模が大きく、恒久的または長期にわたったものを紹介しておこう。

はるか博多から応援に駆けつけたＪＲ九州の代替バス

四国では１９８９（平成元）年７月、乗客の減少した予讃線と土讃線の夜行列車が廃止され、夜行バスによる代替輸送が開始された。高松〜松山間〈いよじ号〉をＪＲ四国と伊予鉄道、高松

〜高知間〈とさじ号〉をＪＲ四国と高知県交通が共同運行。一般道経由で夜行列車の主要停車駅に停まる、いわば夜行鈍行バスともいえるものだった。しかし、松山道・高知道が延伸され、所要時間を大幅に短縮した高速バスが開設されたことから、〈とさじ号〉は１９９２（平成４）年10月、〈いよじ号〉は１９９４（平成６）年11月、それぞれ使命を終えて廃止されている。

東北では１９８９年８月、山形新幹線の建設が開始された。山形新幹線は新幹線〜在来線直通の〝ミニ新幹線〟として計画され、新幹線が乗り入れる奥羽本線福島〜山形間の改軌工事（レール幅を在来線用の１０６７㎜から新幹線用の１４３５㎜に広げる工事）を実施。工事中は列車が運行できないため、ＪＲバス東北による代替バスが輸送にあたった。１９９１（平成３）年８月から翌年11月までの運行期間中、赤湯《あかゆ》営業所が設置され、社内各営業所から集めた観光タイプの６形が配置されていた。

同じように、１９９６（平成８）年３月から翌年３月には秋田新幹線開業に向けた田沢湖線全線・奥羽本線大曲〜秋田間の改軌工事中の代替バス、１９９９（平成11）年３月から12月には山形新幹線延長に向けた奥羽本線山形〜新庄間の改軌工事中の代替バスが運行されている。

関東では１９９７（平成９）年10月、北陸新幹線の高崎〜長野間が先行開業。並行する信越本線のうち、急勾配のため補機（運行を補助するために連結する機関車）が必要だった横川〜軽井沢間が廃止された。この区間の代替輸送をJRバス関東小諸支店が担当することになり、碓氷《うすい》バイパス経由の碓氷線横川～軽井沢間が開設された。また、信越本線の旧線には重要文化財の4連アーチ橋〝めがね橋〟があり、新緑や紅葉のシーズン、夏休みを中心に見物客を集めていた。このため、横川～めがね橋～軽井沢間に旧道碓氷線「めがねバス」の季節運行を開始している。

北海道では1995年9月、深川《ふかがわ》～名寄《なよろ》間の深名《しんめい》線が廃止された。深名線は乗車密度がきわめて低く、国鉄時代に「特定地方交通線」に指定されたものの、並行道路が整備されておらず、バス転換が見送られたまま民営化を迎えた。しかしその後、道路整備が進んで代替条件が整ったことから、JR北海道のバスで代替が行われることになったのだ。深川営業所を新設して7台のバスを配置。営業キロが120㎞を超えるため、深川～幌加内《ほろかない》間と幌加内～名寄間に分けて運行した。さらに、沿線

道北バスに管理委託されたJR北海道バス深名線

人口の減少が続いて代替バスの利用者も漸減。ＪＲバスとして維持することも困難になってきた。このため２００２（平成14）年には、地元の道北バスに運行を委託している。

◇

２０１１（平成23）年３月11日14時46分、宮城県沖を震源とするマグニチュード９・０の大地震が発生。波高10ｍを超える巨大津波が追い打ちをかけ、北は青森県から南は茨城県に及ぶ広範囲で、ＪＲの鉄道各線が長期にわたって不通となった。ＪＲ東日本は沿線のバス事業者各社に代替輸送を要請。ＪＲバス東北とＪＲバス関東も、全社をあげてこの緊急輸送に取り組んだ。

ＪＲバス東北が担当した常磐線原ノ町～相馬間の代行バス（ＪＲ東日本提供）

ＪＲバス東北はまず、駅設備に大きな被害を受けた東北新幹線の代替手段として、東北自動車道の高速バス各線をいち早く運行再開。続行便も出して対応した。また那須塩原以南が復旧した際には、ＪＲバス関東とともに那須塩原～郡山間の臨時高速バスも運行した。在来線では、常磐線、石巻線、気仙沼線、八戸線の代行輸送を担当している。ＪＲバス関東も東北高速バス各線の増発に努めたほか、常磐線の代替手段となる常磐高速バス各線の大増発も行っている。

この東日本大震災では、鉄道の被害が非常に広域にわたり、その復旧状況が刻々と変化する中で、バスの持つ機動性が改めて見直されることとなった。

一般路線の大幅縮小　廃止間近のローカル線模様

これまで何度かふれたように、国鉄バスはその歴史的経緯から、地域開発を目的とした路線を数多く抱えていた。1970年代の合理化の中で、とくに乗車密度の低いものについては廃止が進められたが、JRバス各社に引き継がれた路線でも、過疎化による沿線人口のさらなる減少が続いていた。民営化に伴い「日本国有鉄道地方バス路線運営費補助金」が廃止され、民間事業者に対する国の地方バス補助では対象外となるJRバスにとって、高速バスや貸切バスの収益で自己補填する以外に方法はなく、路線の維持には限界が生じていた。このため、1990年代から2000年代にかけて一般路線の廃止が加速し、多くの町からJRバスが姿を消していった。

北海道では、伊達線、石狩線、岩見沢線、長恵線、北十勝線、南十勝線、厚岸線が廃止され、伊達、滝川、帯広、厚岸の各営業所が閉所となった。対照的に、札樽線、空知線は沿線が札幌のベッドタウンとなり、次々に支線を延長。JRバスでは珍しい都市型輸送が行われている。

ＪＲバス東北では、十和田南線、鳥海線、小国線、八久線、田子線、平館線、陸中海岸線、安家線、遠野北線、遠野線、一ノ関線、古川線、角田線、白石線、小斉《こさい》線、相馬海岸線、船福《せんぷく》線、川俣線が廃止され、十和田南、象潟、久慈、沼宮内、岩泉、遠野、一ノ関、角田の各営業所が閉所となった。残る路線では、盛岡～久慈間〈白樺号〉、二戸～久慈間〈スワロー号〉、八戸～十和田湖間〈おいらせ号〉、青森～十和田湖間〈みずうみ号〉など新幹線接続バスが健闘している。

ＪＲバス関東では、好調な高速バスに支えられ一般路線が比較的維持されてきたが、磐城北線、常野線、山武《さんぶ》線、渋川線、諏訪線などの生活路線、鹿沢菅平線、浅間白根火山線、白樺高原線、和田峠南線などの観光路線が廃止され、烏山支店が営業所への縮小を経て閉所されている。

ＪＲ東海バスでは、天竜線、西天竜線、浜名線、瀬戸南線、瀬戸北線、瀬戸西線、恵那線、名金急行線、大野線が廃止され、遠江二俣、新居町、岡崎、瀬戸、中津川、美濃白鳥の各営業所が閉所された。これにより、同社の一般路線バスは全廃となり、国鉄バス発祥地の旧岡多線区間からも一般路線バスが消滅。岡崎～瀬戸間に〈ドリームとよた号〉だけが走ることになった。

西日本ＪＲバスでは、奥能登線、宝達線、名田庄線、米原線、琵琶湖線、八幡線、亀草線、近城線、五新線、紀南線、熊野線、園篠線が廃止され、鉄道代行の柳ヶ瀬線、杉津線、阪本線からも撤退。穴水、水口、加茂、紀伊田辺、福知山、篠山の各営業所が閉所となっている。

中国ＪＲバスでは、大田線、川本北線、川本線、岩益線、坂上線、大島線が廃止され、川本、海田市、岩国、大島、秋吉の各営業所が閉所となった。しかし、広島地区では沿線に新興住宅や大学が立地し、雲芸南線、西条線などが通勤・通学路線に変貌した。また、雲芸線、広浜線、安芸線は都市間高速バス〈みこと号〉〈いさりび号〉〈クレアライン号〉の走る幹線に成長している。

四国では、阿波線、西讃線、川池線、南予線、窪川線が廃止。松山高知急行線は松山～落出《おちで》間に短縮され、久万高原線となった。また、川之江、伊予大洲、窪川、佐川の各営業所が閉所。鍛冶屋原は徳島に改称された後、徳島市内に移転し、高速バス・貸切バスを担当している。

九州では、山鹿線、佐賀関線、臼三線、日肥線、宮林線、都城線、国分線、加治木線、山川線が廃止され、国鉄最後の春に運行を開始した大隅線代行バスからも撤退。山鹿、臼杵、妻、都城、山川の各営業所が閉所となっている。

◇

筆者は、１９９４（平成６）～１９９７（平成９）年にＪＲバス各社のハンドブック制作の仕事をした。その際、取材を通して垣間見た廃止間近のローカル線の表情をいくつかここで紹介しよう。

１９９５（平成７）年３月にはＪＲ東海バスの天竜線を取材。遠足帰りの中学生で満員の水窪《みさくぼ》町行きに揺られた。遠江西川で10人ほどと一緒に降り、支線の白倉峡行きに乗り換えると、今度は小学生の先客が7〜8人いて、これまたスクールバスのよう。積極的にバスを利用してくれる村の姿勢に応え、JR東海バスはこの春、支線の終点を白倉から白倉峡に延長したのだと教えられた。折返所までの回送区間、歩いている子が何人かいたので、乗せてあげることにしたそうだ。

小中学生の通学のために路線が１区間延長された白倉支線

帰路、先ほど白倉峡で降りた男子中学生が2人、ジュースを買って道草を食っていた。「こら！　そんなところで遊んでないで、早く帰ってしっかり勉強せい！」と窓から乗務員。いたずらそうな男の子の顔に照れ笑いが浮かぶ。乗務員と子どもたちの距離の近さがとても印象的だった。

1996（平成8）年4月にはJR四国の大栃線を取材。大栃から支線の影《かげ》行きに乗車した。小さなバスは車幅ぎりぎりの悪路を40分ほど走り、南池橋《みなみいけばし》のバス停に到着。すると、1匹の犬が目の色を変えて駆け寄り、ちぎれんばかりに尻尾を振りながら、バスから降りる老人に飛びついた。犬の名はマツ。エ

上韮生川（かみにろうがわ）沿いの悪路を走っていた影支線

サをやるうち仲良くなった迷い犬に、老人がマツという名をつけたところ、通院や買い物のため大栃に出かけた老人の帰りを、バス停でひたすら待ち続けるようになった。ほのぼのとした様子は現代の〝忠犬ハチ公〟として噂になり、新聞やテレビでも取り上げられたそうだ。

だが、「道は悪いし、お客さんは乗らないし。マツには悪いけどやめたい路線ですわ」と乗務員がこぼしたとおり、大栃〜影間はまもなく廃止。マツと老人のその後は知り得ないままだ。

同年11月にはJR北海道の厚岸線を取材。厚岸駅から早朝の下新拓《しもしんたく》行きに乗ると、乗客は男子高校生2人だけだった。冬枯れの牧草地が朝日で金色に輝き、雲ひとつない空の青とのコントラストがみごと。三角屋根のサイロを持つ農家の煙突から、暖かそうな石炭ストーブの煙が上がっていた。終点の下新拓には、JRバスの廃止区間を代行する標茶《しべちゃ》町営バスも到着。待合室にいた高校生十数人が乗り込み、廃止区間のほうが乗客の多いことに皮肉を感じた。

ＪＲバスが標茶町営バスに接続していた厚岸線の下新拓

当時の厚岸営業所は、2行路3台の路線バスと1台の貸切バスを3人の乗務員で動かし、運行管理は厚岸駅員が兼務するというぎりぎりのスリム体制。「1人が倒れるとみんなに迷惑がかかりますから、健康管理には気を遣います」という、責任感あふれる乗務員の言葉をいまも覚えている。

札幌市営バスの路線を譲り受けたＪＲ北海道バス

一般路線の縮小を進めたＪＲバス各社だが、近年は各地でコミュニティバスの運行に取り組んでいる。コミュニティバスとは、地域住民の移動手段を確保するため、自治体の主導で、あるいは自治体の協力により、きめ細かな路線バスサービスを提供するもの。一般路線を補完して運行される場合が多いが、ＪＲバスでは、廃止路線の代替的な役割を持つケースも見られる。

ＪＲ北海道バスはまず恵庭《えにわ》市「ｅｃｏバス」の運行を受託。長沼営業所が担当している。続いて新札幌駅と小野幌《このっぽろ》地区を結ぶ循環バス「このっぴー」を独自に運行開始。厚別《あつべつ》営業所が担当している。さらに、札幌商工会議所主催の「ウェルカムステーション実証実験」に参加。ウェルカムステーション（都市型「道の駅」）が開設された大倉山ジャンプ競技場と、もいわ山ロープウェイ山麓駅を結ぶ「札幌ヒルズ循環バス」を小型ボンネットバスで運行した。この車両は後に「ぶらりサッポロ観光バス」として、JR札幌駅～大倉山競技場前間で使用。琴似《ことに》営業所が担当している。

　JRバス東北が二戸線の部分廃止を行うと、二戸市バス「にこにこ号」が代替輸送にあたることになった。JRバス東北はこの運行を受託し、引き続き二戸営業所が担当している。

　JRバス関東の受託路線は非常に多く、白河支店は白河市「こみねっと」、西那須野支店は塩原温泉郷巡回バス、後に那須塩原市「ゆ～バス」、八日市場支店は匝瑳《そうさ》市内循環バス、長野原支店は草津町内巡回バス、小諸支店は小諸市「小諸すみれバス」、長久保営業所は長和町《ながわまち》巡回バス、諏訪営業所は諏訪湖沿岸2市1町共同の「スワンバス」、下諏訪町「あざみ号」、岡谷市「シルキーバス」、中央道支店（伊那支店から改称）は伊那市「長谷《はせ》循環バ

JRバス関東八日市場支店が運行を担当する匝瑳市内循環バス

ス」を運行。このうち、白河市「こみねっと」、塩原温泉郷巡回バス、草津町内巡回バスには小型ボンネットバスを使用している。

西日本ＪＲバスは金沢営業所が金沢駅と街中を結ぶショッピングライナー「まちバス」、市内中心部の路線バスが走れない狭隘路を循環する「金沢ふらっとバス」の運行を担当している。

中国ＪＲバスは光営業所が「ひかりぐるりんバス」を運行し、後に子会社の西日本バスネットサービスに移管。広島営業所が前述した観光ループバス「めいぷるーぷ」を担当している。

ＪＲ九州バスは福津市で市内循環路線「駅バスふくま～る」を独自に運行開始。福岡中部支店（直方支店を移転・改称）が担当している。また、鹿児島市「あいばす」と宮若市乗合バスの運行も受託。こちらは鹿児島支店が担当している。

◇

名古屋では２００１（平成13）年、名古屋ガイドウェイバス「ゆとりーとライン」大曽根～小《お》幡《ばた》緑地間が開業。ガイドウェイバスとは、案内軌条（側壁）を備えた専用道を案内輪（水平の車輪）のついたバスが走行するもので、専用道走行中はハンドル操作がいらない。東京の「ゆりかもめ」などの新交通システムに似ているが、バスなのでそのまま一般道に直通できる。運行はＪＲ東海バス、名古屋鉄道、名古屋市交通局が受託。ＪＲでは瀬戸営業所が担当し、大曽根駅～瀬

ＪＲ東海バスが運行した「ゆとりーとライン」のガイドウェイバス

戸みずの坂間の系統を運行した。しかし、ＪＲと名鉄は2009（平成21）年に撤退し、現在は交通局だけで運行されている。

仙台では仙台市交通局が経営改善の一環として、市営バスの運行を民間事業者へ委託することになった。ＪＲバス東北はこれに応募。2006（平成18）年から白沢出張所、2009年から七北田出張所の業務を受託し、白沢事業所と七北田事業所を開設して運行を担当している。

京都でも京都市交通局が同じ方法で経営改善を推進。阪急バスを皮切りに、京阪バス、近鉄バス、京都バスなどが市営バスの運行業務を受託した。西日本ＪＲバスは2010（平成22）年に横大路営業所の業務を一部受託。19・20・78・南5・特81・循環1の各系統の運行を担当している。

札幌では多額の赤字を抱える札幌市交通局が市営バスの路線単位での民間移管を進めており、ＪＲ北海道バスは2000（平成12）年に3路線の移管を受けた。しかし、規制緩和によりさらに経営が悪化する恐れがあるため、札幌市は2001年に「市営交通改革プラン」を策定。20

０４（平成16）年までに市営バス事業から撤退することを決定した。併せて事業の移管先は、札幌市内に路線を持つＪＲ北海道バス、北海道中央バス、じょうてつの3社と決められた。

２００３（平成15）年4月、ＪＲ北海道バスは札幌市営バス琴似営業所の移管を受け、１１８台のバスで19路線37系統の運行を開始した。市営バスの車両は順次、ＪＲカラーに塗り替えられ、ＪＲバスグループ初のＣＮＧ（圧縮天然ガス）バスも加わった。路線は2年間そのまま維持することが決められていたが、その後、ＪＲ駅へのアクセス改善を図っている。また、札幌駅に直結していない市電の乗客を取り込もうと、市電と並行して札幌駅に乗り入れる系統も新設した。

ＪＲ北海道バスが札幌市営バスから引き継いだＣＮＧノンステップバス

筆者は２００９年の秋、この新設路線に乗車している。シーズン初の雪に見舞われ、朝の札幌駅行きは超満員だった。乗務員は国鉄時代、いまはなき伊達営業所に入所したベテラン。多くの新人とともにスタートした琴似営業所で、指導者の役割も果たしているそうだ。乗客の着席を待っての発進、マイクを活用した案内など、いま、JR北海道バスの接遇はすばらしい。

発足から20年を超えたJRバス各社。きっと全国で、国鉄時代の末期に、あるいは民営化当初に採用された人々が指導者となり、次代のJRバスを担う人材を育てているに違いない。

地域特性に合わせた仕様のJR一般路線バス車両

民営化され、貸切バスの増収に力を入れたJRバス各社は、営業力を強化するため、スーパーハイデッカーを積極的に採用した。ダブルデッカーのような眺望が楽しめるUFCタイプ、サロンつきやトイレつきなど、グレードの高い車両が各社で増備されていった。しかし1990年代後半になると、景気の低迷により貸切バスの需要は落ち込み、さらに2000年代に入ると、規制緩和の影響により受注単価が下落した。このため各社は貸切バスを大幅に減車するとともに、新車はバスツアーなどで稼働率の高いスタンダードなハイデッカーを選択するようになった。

一方、一般路線バスには地域の特性が反映され、各社・各営業所のカラーが明確になっていった。ローカル路線では中小型車が国鉄時代の大型車を駆逐し、都市部の大型車は地元事業者と仕様を揃えたご当地スタイルで新製された。2000（平成12）年の交通バリアフリー法（高齢者、身体障害者等の公共交通機関を利用した移動の円滑化の促進に関する法律）の施行以降は、JR

バスの新車はワンステップバスが中心となり、都市部ではノンステップバスも採用された。

厳しい経営環境の中、首都圏や関西圏からの中古車の購入も開始している。近年はワンステップバスやノンステップバスが中古で出回るようになり、中古車でも新車並みのサービスが提供できるため、JRバス各社で中古購入が行われている。JRバス関東は高速車両を東急関連の地方事業者に売却し、代わりに東急バスの都市型車両を購入するというシステムを構築している。

また、JRバスグループ間での需給調整も行われている。西日本JRバスの路線廃止により余剰となった小型車はJR九州に移籍し、JRバス東北の大幅な路線縮小で捻出された大型車はJR北海道バスで活躍を開始した。さらに、一般路線を全廃したJR東海バスには最新型のハイブリッドノンステップバスがあり、JRバス関東でまるで新車のように迎えられている。

◇

では、代表的な貸切バスと各社の路線環境が反映された一般路線バスを紹介してみたい。

●日産ディーゼルU－RA530RBU（西日本JRバス貸切車）

西日本JRバスはUFCタイプのスーパーハイデッカーを31台も投入。45人乗りで、後部8席が回転するセミサロンだった。いすゞ「スーパークルーザー」が25台、三菱「エアロクィーン」と日産ディーゼル「スペースウィング」が3台ずつ在籍。SVD（スーパービューデッカー）と

青森を拠点に使用された「びゅうばす」用の647-4907

篠山に配置されていた日産ディーゼルのＵＦＣタイプ648-4955

よばれた「スペースウィング」のＵＦＣタイプは、生産台数がきわめて少ない希少車だった。

●日野Ｕ-ＲＵ３ＦＳＡＢ（ＪＲバス東北「びゅうばす」）

ＪＲバス東北とＪＲバス関東はＪＲ東日本の企画旅行専用の「びゅうばす」を２台ずつ所有。ロゴの入った真っ赤なハイデッカーである。また２０００年代に入ると、一般貸切バスもこうしたスタンダードなハイデッカーが中心となっていった。なお、ＪＲバス関東の「びゅうばす」には２０００年にハイブリッドバスが加わり、信州方面のツアーを中心に活躍を開始した。

●いすゞＰ-ＭＲ１１２Ｄ（西日本ＪＲバス）

民営化からまもない１９９０（平成２）年、一般路線バスに採用された全長７ｍクラスの小型車。西日本ＪＲバスに30台以上在籍したほか、ＪＲ四国で６台、ＪＲ東海バスで２台が使用されていた。しかし、こうした小型車の職場だった閑散路線は廃止されていき、比較的短命に終わった車種だった。大量に採用した西日本ＪＲバスの車両は、一部が後に

西工ボディを持つ前後扉の中型車
338-1921は福丸に配置

新居町で閑散路線に運用されていた
全長７ｍの小型路線車121-0402

ＪＲ九州に移籍している。

●日産ディーゼルＵ－ＪＭ２１０ＧＡＮ（ＪＲ九州）

ＪＲ九州はローカル線用として、３形とよばれる中型路線バスの増備を行った。４メーカーすべてが採用され、前扉・前中扉・前後扉など仕様はバラエティに富んでいる。日産ディーゼル製には西日本車体工業製のボディを搭載。西日本車体工業は福岡県にある西鉄系のボディメーカーで、国鉄時代には採用されていない。地元との関係強化を図るＪＲ九州ならでは選択といえる。

●いすゞＰ－ＬＶ２１４Ｋ（ＪＲ四国）

ＪＲ北海道は１９９１（平成３）年、ＪＲバスグループとしては初めて中古車を購入。通勤路線の低床化と冷房化を促進した。次いで１９９６（平成８）年、今度はＪＲ四国が中古車を採用。元都営バスのエアサス車で、ローカル路線のサービスアップに貢献した。ＪＲバスの一般路線は厳しい環境にあり、現在ではＪＲ東海バスを除くグループ全社で中古車が活用されている。

前中４枚折戸・引き違い窓という広島スタイルの534-5960

都営バスの大塚からＪＲ四国の佐川に移った531-6963

●三菱Ｕ－ＭＰ６１８Ｍ（中国ＪＲバス）

中国ＪＲバスは１９９０年代に入ると、地域ごとに地元事業者の車両に合わせた仕様を採用している。広島地区は広島電鉄・広島バス・広島交通の３社と揃え、前中４枚折戸（前部に折戸、中央部に４枚折戸）で引き違い窓、側面の行き先表示幕が大型というスタイルに。側面幕は国鉄時代の車両も含め大型に改造した。一方、岡山地区では両備バス・下津井電鉄などにならい、一時期、前後扉が選択されている。

●いすゞＫＬ－ＬＶ２８０Ｌ１（ＪＲバス関東）

ＪＲバス関東は１９９８（平成10）年、館山・土浦・棚倉に初めて大型ワンステップバスを導入。以後の新車は中型を含め、ワンステップバスとなる。市街地に路線を持つ宇都宮では２００４（平成16）年からノンステップバスが増備されているほか、近年は各支店で東急バスから購入したノンステップバスが増加しつつある。

●日野ＬＪＧ－ＨＵ８ＪＭＧＰ（ＪＲ北海道バス）

ＪＲ北海道バスは１９９８年からワンステップバスを採用。札幌市営

日野「ブルーリボンシティ」ハイブリッドノンステップバス527-0956

ＪＲバス関東のいすゞ「エルガ」ワンステップバスL521-04502

バスの移管によりノンステップバスが加わった２００３（平成15）年以降は、自社でもノンステップバスの購入を開始した。２００８（平成20）年にはハイブリッドノンステップバスを導入。手稲・琴似・札幌・厚別に増備が続けられている。また、首都圏からのワンステップバスの中古購入にも積極的である。

【ルポ】桜島定期観光バス（JR九州バス）1987（昭和62）年運行開始

「バスごとフェリーに乗船するユニーク定期観光バス」

国鉄バス国分線の桜島口から袴腰《はかまごし》（現・桜島港）への支線、桜島線が開業したのは1944（昭和19）年のこと。JR九州が発足すると、この桜島線の免許を活かし、桜島港を起終点にした定期観光バス「桜島めぐり」を運行開始した。絣の着物を着た西郷さんみたいな乗務員の姿が話題になり、人気が高まったため、西鹿児島駅（現・鹿児島中央駅）発着に延長。バスごとフェリーに乗るユニークなコースに生まれ変わった。九州新幹線鹿児島ルートの全通で、ぐんと身近になった鹿児島。「レッドライナー」に身を任せ、「市街・桜島よかとこ早回りコース」を楽しんでみよう。

午後コースは鹿児島中央駅東口８番乗り場から13時25分に出発

◇

「それでは発車いたします」

というガイドさんの声とともに13時25分、バスは鹿児島中央駅の東口8番乗り場を後にした。甲突川《こうつきがわ》を越えれば、左手に大久保利通の銅像。このあたりが大久保や西郷の生まれた町だと教えられる。芝生の緑が鮮やかな市電の軌道敷沿いに、繁華街の天文館《てんもんかん》へ。ランチやショッピングを楽しむ人々で賑やかだ。右手の黄色いのぼりは『フェスティバ

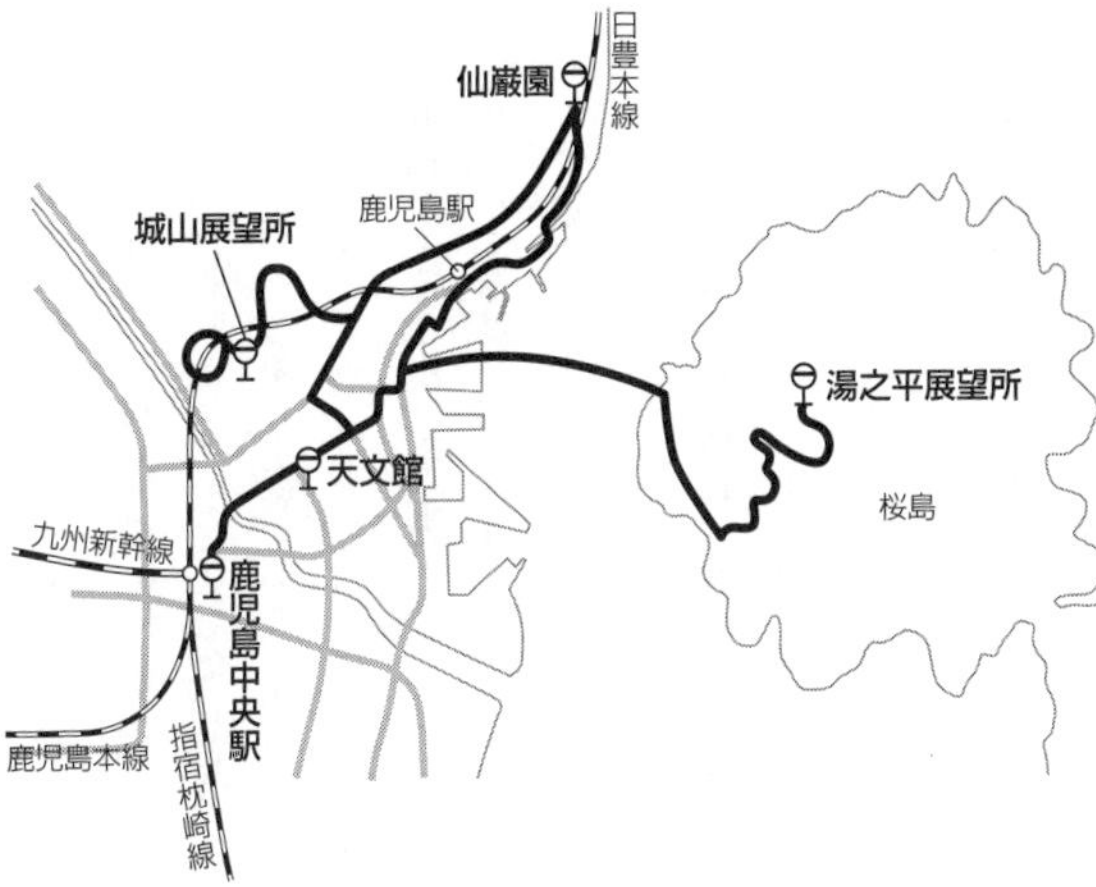

ロ』という店で、サツマイモのレアケーキ「ラブリー」が人気だとか。早くもひとつ、みやげが紹介された。

いづろ中央の交差点を左折すると、正面に照国《てるくに》神社の大きな鳥居。下士階級の西郷や大久保を登用し育てた名君・島津家二八代当主の斉彬《なりあきら》公を祭神とする。ほどなく西郷隆盛像も。着物姿の上野のものとは異なり、軍服を着ていて凛々しく見える。〝鶴丸城《つるまるじょう》〟とよばれる鹿児島城跡の石垣が左手に続き、お堀にピンク色のハスの花がちらほら。鹿児島本線をまたぎ、西郷が愛した言葉「敬天愛人」の扁額《へんがく》が掲げられた城山トンネルを見下ろして、つづら折りの坂道を上った。

13時40分に「城山展望所」に到着。最初の下車観光となる。標高１０７ｍの展望所からは、鹿児島市街と錦江湾《きんこうわん》、そして桜島が一望できる。この日は曇り空だったが、「天候と視界は意外と関係ないんですよ」とガイドさんは期待をもたせる。確かに、頂上を雲と噴煙に覆われてはいるが、桜島の姿はくっきりと見えた。付近では、水彩画の熟年サークルがデッサンに励んでいた。

◇

「レッドライナー」と名づけられたJR九州バスの真っ赤なボディ。よく目立つので、駐車場で待つバスを見つけやすい。14時に出発し、『城山観光ホテル』に停車。このバスには鹿児島中央駅のほか、高見馬場、天文館、照国神社前、そしてここ城山観光ホテルからも乗車できるが、いずれも待ち人はいなかった。駅から一緒に乗った2組の夫婦との5人の道中が確定。やや寂しいけれど、同じコースの午前便には20人近い乗客がいたそうだから、車内を広々使えることに感謝すべきだろう。

城山を下る途中、「西郷洞窟」の前を通過。西南戦争に敗れた西郷は、この洞窟に5日間たてこもった後、意を決して進撃し、流れ弾に当たって倒れたという。「しんどん、もうここでよか」と別府晋介《べっぷしんすけ》を呼び寄せ、その介錯《かいしゃく》で自決するまでの様子を、ガイドさんが切々と語ってくれた。

10分ほどで次の見学地『仙巌園《せんがんえん》』に着くと、駐車場で「市街・桜島ぐるっと一周コース」の「レッドライナー」と遭遇。朝9時前に鹿児島中央駅を出た一日コースで、車内に十数人の乗客が見えた。

空を見上げたガイドさんはみんなに傘を配り、一緒に園内へ。見どころを一通り解説してくれたところで、自由見学となる。桜島を築山《つきやま》、錦江湾を御池《みいけ》に見立てたこの庭は〝磯庭園《いそていえん》〟ともよばれるそうだ。ベストアングルを探すうち、ガイドさんの予想どおり雨粒が落ちてきた。

駐車場に戻った私を見て、「あらぁ、へが降ってでけたなぁ」と笑うガイドさん。意味がわからないまま傘を閉じると、傘に黒い水玉模様ができているではないか。鹿児島弁で「へ」とは「灰」のことだという。雨に混じって桜島の火山灰も降り出し、いつのまにか洗礼を受けていたのだ。

◇

バスは錦江湾沿いに鹿児島港まで走り、そのまま桜島フェリーに乗船する。乗客たちが船室に移動すると、15時20分に出航。広い船室で過ごすひとときは、いい気分転換になる。正面に桜島がぐんぐん近づき、およそ15分で桜島港に入港。バスは再びみんなを乗せて、桜島へと上陸した。

ガイドさんが地図を使いながら、桜島の雑学を伝授。もとは大隅半島から独立した島だったが、100年前の噴火で陸続きになったこと、左右に見える岩はすべて溶岩で、この下に1071戸の家々が埋まっていること、お墓に屋根と壁があるのは火山灰から守るためで、お墓を大切にする鹿児島県は切り花の消費量が全国一であることなど、さまざまな知識が身についた。

赤水《あかみず》の集落で左折し、ヘアピンカーブの山道に挑む。最高峰の北岳も、活発に活動中の南岳も、不機嫌に山頂を雲で隠している。まもなく、一般人が立ち入ることのできる最高地点、標高373mの「湯之平《ゆのひら》展望所」に到着。眼前にせまる荒々しい山肌、眼下に広がる溶岩原を眺めながら、桜島の噴火の歴史を詳しく学んだ。ここはまた、鹿児島市街の夜景も美しく、デートスポットでもあるという。展望所の石垣にはハート形の石が7つ、どこかに埋められているそうだ。

16時10分に展望所を出発し、帰路は桜島の食の名物が紹介される。有名なのは桜島大根だが、耕作地の8割は果物畑だとか。♪桜島から嫁じょを取ればビワやミカンはオハラハー絶えやせぬ……『おはら節』の一節をガイドさんが披露し、拍手が起こる。波穏やかな錦江湾ではハマチを養殖。さらに意外なB級グルメとして、桜島フェリー船内の店『やぶ金』のうどんをあげた。

いまやその多くが姿を消したＪＲの定期観光バス。旅のニーズが多様化する中、観光客の絶対数が少ない地方都市では、定番メニューしか用意できないことが敗因とされる。けれど定番メニューでも、隠し味を加え、凝った器で出す方法はある。個性あふれるガイドさんの起用、ちょっとユニークなバス・移動手段の採用など、定期観光バスを活かす手段はあるような気がする。

◇

帰りのフェリーで、ガイドさんオススメのうどんを味わってみる。だし汁に、麺に、天ぷらに、とくに特徴があるわけではないのに、船内というロケーションがいいのか、とても旨かった。16時50分に鹿児島港に戻ると、雨が本降りになっていた。市内に宿泊するというひと組の夫婦が天文館で下車。さつま揚げや芋焼酎などみやげ品の話を聞くうち、鹿児島中央駅が見えてきた。

【ルポ】那須塩原市「ゆ〜バス」（ＪＲバス関東）２００７（平成19）年運行開始

「地域住民と観光客が混乗する温泉地のコミュニティバス」

国鉄バス塩原線は１９３７（昭和12）年、西那須野〜塩原温泉間の本線と支線である塩原温泉〜鬼怒川温泉間の日塩線などが開業。湯量豊富な温泉郷は多くの湯治客で賑わい、東北新幹線開通時には本線が那須塩原駅まで延長された。しかし、マイカー時代の到来と塩原・鬼怒川自体の人気の低迷により、民営化後、塩原温泉〜鬼怒川温泉間は廃止されている。そんな中、那須塩原市は市民と観光客の足として、コミュニティ

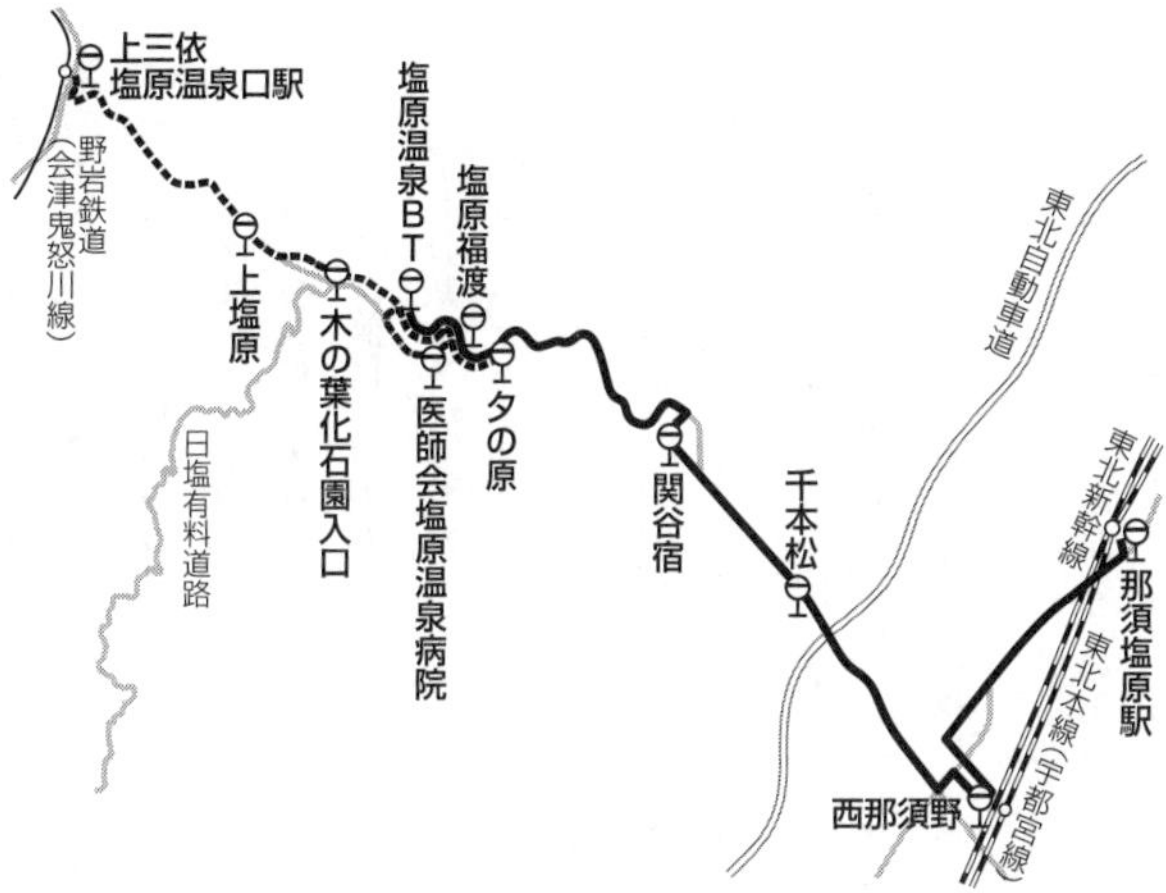

バスの「ゆ～バス」を開業。ＪＲバス関東が運行を受託した。そこで、伝統の塩原線と新生「ゆ～バス」を乗り継ぎ、温泉街の新旧バス模様を観察してみる。

◇

私が那須塩原駅に降りたのは10時半前。夏のシーズンを終えた避暑地の玄関口はひっそりしていた。那須温泉行きの東《とう》野《や》交通バスには若い女性の姿がたくさん見えるが、塩原温泉行きのＪＲバス乗り場には人影すらない。積極的にリゾート開発を進めた那須と昔ながらの風情を大切にしてきた塩原。隣り合う2つの温泉地は、客層も観光地としての旬も異なるのかもしれない。

ＪＲバス乗り場には、「ゆ～バス」黒磯駅行きの小型ノンステップバスと塩原線塩原温泉行きの中型ノンステップバスが並ぶ。「ゆ～バス」は、黒磯市・西那須野町・塩原町が合併して生まれた那須塩原市が２００７年に運行を開始。黒磯方面の路線を東野交通の子会社のやしお観光バス、西那須野・塩原方面の路線をＪＲバスが担当している。黒磯駅行きはやしお観光バスの便だが、那須塩原駅前ではJRバス乗り場を使用。その10時30分発を見送った後、塩原線のJRバスが乗り場に横づけされる。しかし乗り込んだのは私だけで、10時40分に発車となった。

それにしても、中型ノンステップバスという車種は意外。塩原線は所要1時間の観光路線なので、昔から貸切バスのような前扉仕様の大型車が主力だった。実際、この日もバスが国道4号に入ると、塩原から下りてきた前扉の5形とすれ違った。景色を楽しみたい観光客にとって、ノンステップバスはありがたい車両ではない。私は前輪上の1人掛けシートに、窮屈に収まった。

西那須野駅で5人が乗車。地元のおばあちゃん3人がノンステップフロアに、リュックを背負った熟年夫婦が後部のステップアップフロアに掛けた。観光客の多くがマイカー利用となったいま、観光路線といえども、平日の乗客は地元のお年寄りが主体なのか。ならばノンステップバスは最適な車種と言え、景色が見たい人は見える席に座ればいいのだ。わがままを少し反省する。

窮屈さえ我慢すれば、ひときわ高い前輪上からの眺望は抜群だ。千本松ではのびやかな高原風景が広がり、関谷宿《せきやじゅく》では大谷石《おおやいし》の立派な蔵が印象的。がま石トンネルを抜けると箒川《ほうきがわ》が刻んだ険しい谷筋を上り、福渡《ふくわたり》から先は温泉宿が並ぶ旧道を行く。そして11時46分、塩原温泉バスターミナルに到着。どこか懐かしい雰囲気が漂うバス駅で、看板の路線図はいまも「鬼怒川温泉」まで延びていた。

◇

新日塩線は、鬼怒川温泉までの旧日塩線に代わり、新たに開通した尾頭《おがしら》トンネルを抜け、野岩《やがん》鉄道上三依《かみみより》塩原温泉口駅までを結ぶ。当初は旧塩原町からの委託により、いまは「ゆ〜バス」塩原・上三依線として、

JRバスが運行。塩原温泉駅11時50分発の便に乗り継いでみよう。

「一日乗車券をください」

と、白髪の男性。身軽ないでたちだから、温泉宿の連泊客だろうか。「ゆ~バス」は200円均一。400円の一日乗車券は、やしお観光バスの運行路線まで乗り放題なので、これを使えばたっぷり遊べる。今日は取材で持ち時間がない私は、男性がうらやましい。車両は、那須塩原駅で見たやしお観光バスと同じ小型ノンステップバス。そして男性も私も、景色を楽しみたい観光客。もちろん2段のステップを上がり、最後部の高い座席に並んだ。

ノンステップフロアでは地元のお年寄りたちが席を埋める

バスは紅葉橋で山裾のバイパスに入り、西那須野方向に下る。5分ほどして塩原温泉病院に乗り入れると、6人のお年寄りがノンステップフロアの席を埋める。福渡で旧道と合流し、少し下った夕の原でUターン。塩原線のJRバスと同じように、温泉街の旧道をたどると、1人、また1人とお年寄りが降りていく。町と鉄道を直結するだけではないきめ細かなルートは、コミュニティバスならでは。地元のお年寄りの通院だけでなく、観光客の外湯めぐりにも便利だと思う。

およそ20分で塩原温泉駅に戻り、今度はさらに川上へさかのぼる。木《こ》の葉《は》化石園入口あたりで温泉宿は途切れ、穏やかな表情になった箒川が寄り添う。

「橋を渡ったお店の前でお願いします」

と、最後のおばあちゃんが乗務員に。「ゆ～バス」塩原・上三依線は、停留所以外でも乗り降りできるフリー乗降制を採用している。これまた地元のお年寄りにも観光客にも使い勝手が良いサービスだ。

「お世話様でした」

と降りたおばあちゃんを、店から出てきた娘さんが笑顔で迎えた。

宮島でバイパスと合流し、上塩原の停留所を最後に、ノンストップの峠越えとなる。全長1782mの尾《お》頭《がしら》トンネルを抜ければ日光市。見下ろす盆地に三角屋根の駅舎が待っており、12時37分、上三依塩原温泉口駅前に到着した。一緒に降りた一日乗車券の男性は、駅近くのそば屋を訪ねるという。私もきっと再訪し、次は一日乗車券で、食べ歩きや湯めぐりを楽しんでみたい。

あとがき

国鉄バスの開業から来年で85年になる。私が国鉄バス路線を乗り歩くようになったのは1980年代のことだから、このうちの三十余年、「つばめマーク」のバスを見つめてきたわけだ。

この間、分割民営化を挟んで、「つばめマーク」のバスは大きな変貌をとげた。学生時代の私が懸念したとおり、ローカル路線はことごとく廃止され、小さな町の駅前からJRバスは姿を消した。一方で、そうしたローカル路線の拠点と大都市とを直結する高速バス路線が次々に開設され、民間事業者とも協力して、全国にJR高速バスのネットワークが形成された。さらに、バス乗車券の予約・発券の中心は駅の「みどりの窓口」からインターネットやコンビニへと変化した。

ところで、そのインターネットのサイト上に、「JRバスなのに」「JRバスのくせに」という厳しい書き込みを見かけることがある。JRバスが一部利用者に失望を与えているとしたら、とても残念だ。しかし、そうした書き込みをよく読むと、「横綱なのに」「四番打者のくせに」という叱責にとても似ている。JRブランドに対する利用者の期待と信頼の裏返しに見えるのだ。長い歴史の中で「つばめマーク」のバスが得た利用者の期待と信頼。それを裏切ることなく、これからもＪＲバス各社には、横綱らしい相撲、四番打者らしい打撃を見せてもらいたいと思う。

私はいまも交通新聞社の『ＪＲ時刻表』を購入している。索引地図のＪＲバスが、他の会社線のような青色ではなく、ＪＲ鉄道線と同じ黒色で描かれているからだ。すっかり減った黒色のバス路線。残っているのは都市周辺と観光地だけ。現在のＪＲバスは、学生時代の私が好きだった国鉄バスとは別ものである。それでも『ＪＲ時刻表』を選んでしまうのは、自分を路線バスの旅にいざなってくれた「つばめマーク」のバスに、どこかで思い入れがあるからかもしれない。

最後に、本書の出版にあたりご尽力いただいた交通新聞社の山口昌彦さん、萩原友香さんに、この場を借りて心より御礼申し上げたい。

２０１４年３月　加藤佳一

主要参考文献

『国鉄自動車五十年史』（1980年：日本国有鉄道自動車局）
『鉄道辞典上巻』（1958年：日本国有鉄道）
『鉄道辞典補遺版』（1966年：日本国有鉄道）
『バス事業五十年史』（1957年：社団法人日本乗合自動車協会）
『西日本ジェイアールバス25年史』（2013年：西日本ジェイアールバス）
『中国ジェイアールバス25年史』（2013年：中国ジェイアールバス）
ジェイアールバス各社提供資料および各社ホームページ
荒谷功『国鉄バス56年の歩み』「バスジャパン3」収録（1987年：バスジャパン刊行会）
鈴木文彦『ジェイアールバス関東のあゆみ』「バスジャパンハンドブックシリーズ18ジェイアールバス関東」収録（1994年：BJエディターズ）
鈴木文彦『ジェイアール東海バスのあゆみ』「バスジャパンハンドブックシリーズ14ジェイアール東海バス」収録（1995年：BJエディターズ）
鈴木文彦『西日本ジェイアールバスのあゆみ』「バスジャパンハンドブックシリーズ3西日本ジェイアールバス」収録（1995年：BJエディターズ）
鈴木文彦『中国ジェイアールバスのあゆみ』「バスジャパンハンドブックシリーズ5中国ジェイアールバス」収録（1996年：BJエディターズ）
鈴木文彦『JR四国バス・JR九州バスのあゆみ』「バスジャパンハンドブックシリーズ9四国旅客鉄道・九州旅客鉄道」収録（1996年：BJエディターズ）
鈴木文彦『JR北海道バスのあゆみ』「バスジャパンハンドブックシリーズ8北海道旅客鉄道」収録（1996年：BJエディターズ）
鈴木文彦『ジェイアールバス東北のあゆみ』「バスジャパンハンドブックシリーズ20ジェイアールバス東北」収録（1997年：BJエディターズ）
鈴木文彦『ジェイアールバス関東のあゆみ』「バスジャパンニューハンドブックス37ジェイアールバス関東」収録（2002年：BJエディターズ）
鈴木文彦『ジェイアールバス関東のあゆみ』「バスジャパンハンドブックシリーズR75ジェイアールバス関東」収録（2011年：BJエディターズ）
鈴木文彦『ジェイ・アール北海道バスのあゆみ』「バスジャパンハンドブックシリーズR78ジェイ・アール北海道バス」収録（2012年：BJエディターズ）

加藤佳一（かとうよしかず）
1963年東京都生まれ。東京写真専門学校（現東京ビジュアルアーツ）卒業。1986年にバス専門誌『バスジャパン』を創刊。1993年から『ＢＪハンドブックシリーズ』の刊行を続け、バスに関する図書も多数編集。主な著書に『バスで旅を創る！』（講談社＋α新書）、『一日乗車券で出かける東京バス散歩』（洋泉社新書ｙ）、『路線バス終点の情景』（クラッセ）などがある。ＮＰＯ日本バス文化保存振興委員会理事。日本バス友の会会員。
http://www.bus-japan.com/

交通新聞社新書065
つばめマークのバスが行く
時代とともに走る国鉄・JRバス
（定価はカバーに表示してあります）

2014年4月15日　第1刷発行

著　者――加藤佳一
発行人――江頭　誠
発行所――株式会社　交通新聞社
http://www.kotsu.co.jp/
〒102-0083　東京都千代田区麹町6-6
電話　東京（03）5216-3915（編集部）
東京（03）5216-3217（販売部）

印刷・製本―大日本印刷株式会社

ISBN 978-4-330-45914-1

交通新聞社新書　好評既刊

東京駅の履歴書―赤煉瓦に刻まれた一世紀　辻　聡

鉄道が変えた社寺参詣―初詣は鉄道とともに生まれ育った　平山　昇

ジャンボと飛んだ空の半世紀―〝世界一〟の機長が語るもうひとつの航空史　杉江　弘

15歳の機関助士―戦火をくぐり抜けた汽車と少年　川端新二

鉄道落語―東西の噺家4人によるニューウェーブ宣言　古今亭駒次・柳家小ゑん・桂しん吉・桂梅團治

鉄道をつくる人たち―安全と進化を支える製造・建設現場を訪ねる　川辺謙一

「鉄道唱歌」の謎―〝♪汽笛一声〟に沸いた人々の情熱　中村建治

青函トンネル物語―津軽海峡の底を掘り抜いた男たち　青函トンネル物語編集委員会／編著

「時刻表」はこうしてつくられる―活版からデジタルへ、時刻表制作秘話　時刻表編集部OB／編著

空港まで1時間は遠すぎる!?―現代「空港アクセス鉄道」事情　谷川一巳

ペンギンが空を飛んだ日―IC乗車券・Suicaが変えたライフスタイル　椎橋章夫

チャレンジする地方鉄道―乗って見て聞いた「地域の足」はこう守る　堀内重人

「座る」鉄道のサービス―座席から見る鉄道の進化　佐藤正樹

地下鉄誕生―早川徳次と五島慶太の攻防　中村建治

東西「駅そば」探訪―和製ファストフードに見る日本の食文化　鈴木弘毅

青函連絡船物語―風雪を越えて津軽海峡をつないだ61マイルの物語　大神　隆

鉄道計画は変わる。―路線の「変転」が時代を語る　草町義和

車両を造るという仕事―元営団車両部長が語る地下鉄発達史　里田　啓